Arrêtez de vous saboter

Vous êtes exceptionnel

Groupe Eyrolles
61, bd Saint-Germain
75240 Paris Cedex 05

www.editions-eyrolles.com

ISBN : 978-2-212-56325-2

Bénédicte Ann

Arrêtez de vous saboter

Vous êtes exceptionnel

EYROLLES

Également dans la collection « Comprendre et agir » :

Juliette Allais,
– *Décrypter ses rêves*
– *Guérir de sa famille*
– *Au cœur des secrets de famille*
– *Amour et sens de nos rencontres*

Juliette Allais, Didier Goutman, *Trouver sa place au travail*

Dr Martin M. Antony, Dr Richard P. Swinson,
Timide ? Ne laissez plus la peur des autres vous gâcher la vie

Lisbeth von Benedek,
– *La Crise du milieu de vie*
– *Frères et sœurs pour la vie*

Valérie Bergère, *Moi ? Susceptible ? Jamais !*

Marcel Bernier, Marie-Hélène Simard, *La Rupture amoureuse*

Gérard Bonnet, *La Tyrannie du paraître*

Jean-Charles Bouchoux, *Les Pervers narcissiques*

Sophie Cadalen, *Aimer sans mode d'emploi*

Christophe Carré, *La Manipulation au quotidien*

Marie-Joseph Chalvin, *L'Estime de soi*

Cécile Chavel, *Le Pouvoir d'être soi*

Patrick Collignon, *Heureux si je veux !*

Claire-Lucie Cziffra, *Les Relations perverses*

Michèle Declerck, *Le Malade malgré lui*

Flore Delapalme, *Le Sentiment de vide intérieur*

Ann Demarais, Valérie White, *C'est la première impression qui compte*

Marie-Estelle Dupont, *Découvrez vos superpouvoirs chez le psy*

Brigitte Allain Dupré, *Guérir de sa mère*

Sandrine Dury, *Filles de nos mères, mères de nos filles…*

Jean-Michel Fourcade, *Les Personnalités limites*

Micki Fine, *Aime-moi comme je suis*

Laurie Hawkes,
– *La Peur de l'Autre*
– *La Force des introvertis*
Steven C. Hayes, Spencer Smith, *Penser moins pour être heureux*
Jacques Hillion, Ifan Elix, *Passer à l'action*
Mary C. Lamia, Marilyn J. Krieger, *Le Syndrome du sauveur*
Lubomir Lamy,
– *L'amour ne doit rien au hasard*
– *Pourquoi les hommes ne comprennent rien aux femmes…*
Virginie Megglé,
– *Les Séparations douloureuses*
– *Face à l'anorexie*
– *Entre mère et fils*
Bénédicte Nadaud, Karine Zagaroli, *Surmonter ses complexes*
Ron et Pat Potter-Efron, *Que dit votre colère ?*
Patrick-Ange Raoult, *Guérir de ses blessures adolescentes*
Daniel Ravon, *Apprivoiser ses émotions*
Thierry Rousseau, *Communiquer avec un proche Alzheimer*
Alain Samson,
– *La chance tu provoqueras*
– *Développer sa résilience*
Steven Stosny Ph. D., *Les Blessées de l'amour*

Dans la collection « Les chemins de l'inconscient », dirigée par Saverio Tomasella :

Véronique Berger, *Les Dépendances affectives*
Christine Hardy, Laurence Schifrine, Saverio Tomasella, *Habiter son corps*
Barbara Ann Hubert, Saverio Tomasella, *L'Emprise affective*
Martine Mingant, *Vivre pleinement l'instant*

Gilles Pho, Saverio Tomasella, *Vivre en relation*

Catherine Podguszer, Saverio Tomasella, *Personne n'est parfait !*

Saverio Tomasella,

– *Oser s'aimer*

– *Le Sentiment d'abandon*

– *Les Amours impossibles*

– *Hypersensibles*

– *Renaître après un traumatisme*

Dans la collection « Communication consciente », dirigée par Christophe Carré :

Christophe Carré,

– *Obtenir sans punir*

– *L'Automanipulation*

– *Manuel de manipulation à l'usage des gentils*

– *Agir pour ne plus subir*

– *Bienveillant avec soi-même*

Fabien Éon, *J'ai décidé de faire confiance*

Florent Fusier, *L'Art de maîtriser sa vie*

Hervé Magnin, *Face aux gens de mauvaise foi*

Emmanuel Portanéry, Nathalie Dedebant, Jean-Louis Muller, Catherine Tournier, *Transformez votre colère en énergie positive !*

Pierre Raynaud, *Arrêter de se faire des films*

Dans la collection « Histoires de divan » :

Karine Danan, *Je ne sais pas dire non*

Laurie Hawkes, *Une danse borderline*

Dans la collection « Les chemins spirituels » :

Alain Héril, *Le Sourire intérieur*

Lorne Ladner, *Pratique du bouddhisme tibétain*

À Emmanuel

Table des matières

DEUXIÈME PARTIE

Je comprends pourquoi je souffre

Introduction

Du plus loin qu'il m'en souvienne, j'ai été, pendant une grande partie de ma vie, abonnée à l'autosabotage et aux galères. J'ai longtemps accumulé les échecs amoureux (deux enfants de pères différents, quelques histoires soporifiques ou compliquées). Professionnellement, j'avais du mal à me concentrer : dès que l'un de mes projets commençait à « prendre », je m'en désintéressais, je me lançais dans une nouvelle activité, et je repartais de zéro. J'ai ainsi exercé de nombreux métiers : responsable d'une agence de rencontres, journaliste pour la presse féminine, animatrice radio, commerciale, formatrice, consultante, conseillère en image, organisatrice d'événements. Financièrement, je suis passée par des montagnes russes ; je ne réussissais pas à épargner et je vivais au jour le jour. Et pour couronner le tout, depuis la maternelle, je figurais parmi les filles les moins populaires, celles qui ne recevaient pas le prix de camaraderie, n'étaient jamais élues déléguée de classe, et pour lesquelles les garçons ne se battaient pas !

Je ne comprenais pas pourquoi rien n'allait. Pourtant, je n'ai jamais cessé d'espérer que les fées, qui avaient oublié de se pencher sur mon berceau, réaliseraient enfin leur erreur et la répareraient. Ce coup de baguette magique, certes tardif, aurait changé ma vie.

Quelques décennies plus tard, je dus me rendre à l'évidence : je ne figurais pas sur la liste de leurs priorités. Je décidai alors de prendre les choses en main ! Je me suis bougée… à meilleur escient ! Pour cela, j'ai créé les Cafés de l'Amour. Dans ce cadre, pendant douze ans, j'ai reçu de nombreux philosophes, psychanalystes et maîtres spirituels ou de développement personnel. Lorsqu'ils m'inspiraient, je participais à leurs stages et je me formais auprès d'eux. À mes différents acquis (psychologie, psychanalyse, « PNL[1] », transgénérationnel[2], Gestalt-thérapie[3]), j'ai ajouté les outils du coaching. Depuis, j'ai rencontré le bon partenaire, j'exerce une activité qui me passionne, je prends davantage soin de mon corps et je voyage. J'ai aussi écrit deux livres dédiés à la relation amoureuse[4].

Parce que j'ai été longtemps apprentie, je me suis sentie apte à transmettre ce que j'avais intégré après ces années de pratique. Je consacre désormais ma vie à l'apaisement des interrogations, tourments et chagrins de ceux qui viennent à moi. À travers mes activités, j'ai déjà aidé des centaines de personnes à s'autoriser à exploiter leur potentiel et à jouir de leur vie.

---

1. PNL pour programmation neuro-linguistique, techniques de communication s'intéressant aux réactions d'une personne, à sa perception d'elle-même et des autres, en vue de les transformer.
2. Transmission sur plusieurs générations d'un problème non résolu, souvent tenu secret (deuil, traumatisme, etc.).
3. Thérapie psychocorporelle proposant un dialogue pour mieux comprendre comment l'on fonctionne, donner sens à ce que l'on vit, s'ouvrir des possibilités, faire des choix. Elle aide la personne à mobiliser ses sensations, ses émotions, son imaginaire et son mode de pensée, en vue de créer du changement dans sa vie.
4. *Le prochain, c'est le bon ! Trouver l'âme sœur en 5 étapes* (Albin Michel, 2011) et *Autodiagnostic amoureux* (Les Éditions de l'Homme, 2012).

À force de les écouter, je me suis rendu compte que leurs blocages, en amour et dans les champs professionnel, amical et familial, reposent sur les mêmes ressorts. Pour accompagner ces personnes, je mets en œuvre une approche élaborée à partir de ma propre expérience de terrain et de ma compréhension des comportements humains. Ma démarche consiste à explorer, au moyen de questions ciblées et (im)pertinentes, les secrets et mécanismes cachés du psychisme de mes interlocuteurs, sans leur laisser le temps de se retrancher derrière leurs défenses. Cette recherche me permet de démasquer les causes profondes de leur mal-être. Je peux alors les dynamiser et les soutenir, jusqu'à ce qu'ils retrouvent la joie dans un nouvel équilibre.

À qui est destiné ce livre ?

Il s'adresse à tous ceux qui sentent que quelque chose « cloche » dans leur vie. La plupart racontent que leurs partenaires, leurs familles, leurs patrons ou leurs collègues « ne les rendent pas heureux », les harcèlent, les exploitent ou ne les reconnaissent pas à leur juste valeur. Pendant mes coachings, j'ai découvert que ce phénomène provient essentiellement du manque de sens, mais aussi de la répétition de comportements programmés depuis longtemps, et désormais inadaptés.

Vous l'avez compris, j'ai l'intention de vous tenir par la main sur le chemin d'une prise de conscience de vos conditionnements, de vous aider à décider que vous allez vous en sortir, de façon à ce que vous retrouviez votre capacité naturelle à profiter de la vie, ici et maintenant !

Si vous lisez ces lignes, c'est que vous avez probablement fait le constat suivant : vous n'êtes pas totalement satisfait(e) de votre vie actuelle ; vous éprouvez des difficultés dans un ou plusieurs domaines. Certaines situations non souhaitées se répètent inlassablement, tant sur les plans affectif, professionnel et familial, que dans les rapports que vous entretenez avec votre propre corps, vos voisins ou amis.

Ainsi, lorsque vous avez enfin triomphé d'un problème, un autre survient là où vous ne l'attendiez pas. Vous devez encore vous mobiliser pour affronter une situation qui n'est pas tout à fait la même, mais pas tout à fait autre non plus. Vous avez l'impression que, même si la forme semble différente, le fond reste identique : soit vous réparez des catastrophes dans lesquelles vous êtes impliqué(e) par une suite de coïncidences malheureuses, par négligence, faiblesse, acte manqué ou excès de procrastination ; soit vous passez votre temps dans le stress, à courir, à régler, à réparer, à justifier, à organiser… Vous incarnez alors la « personne indispensable », fiable, qui modère, arrange, apaise et prend en charge un poids de plus en plus lourd…

Mais peut-être, autre face de la même médaille, subissez-vous les états d'âme versatiles et le caractère lunatique d'un partenaire, d'une amie, d'un patron, d'un proche, d'un enfant, voire de plusieurs d'entre eux. Ils exigent leur « dû », et vous voilà pris(e) dans un filet de contraintes. Préoccupé(e) de répondre à ces demandes parfois tyranniques, vous redoutez de ne pas être à la hauteur. Vous craignez les jugements négatifs, les critiques, d'éventuels rejets… Pour autant, c'est plus fort que vous, une voix impérieuse, qui ne vous appartient pas, vous pousse à contenter votre entourage, de crainte de déplaire ou de décevoir.

Vous pensez sans doute que d'autres personnes vivent de véritables tragédies, sans commune mesure avec vos petites préoccupations. Sachez que *tout* a son importance. Rien ne justifie que vous continuiez à subir éternellement ces difficultés. Seuls comptent la manière dont vous en êtes affecté(e) et leur impact sur votre quotidien. Peu importe le poids de vos « fardeaux » ; ils alourdissent votre barque, qui prend l'eau : après avoir écopé d'un côté, il faut recommencer de l'autre…

Finalement, n'avez-vous pas dû vous battre constamment, pour chaque petite victoire, pour gravir chaque marche ? Peut-être vous êtes-vous fait entendre avec fracas, par la revendication ? Ou encore, vous vous êtes effacé(e) et avez pris sur vous ; vous avez été balloté(e) au gré des humeurs de votre entourage, vous avez donné beaucoup pour recevoir des miettes. Dans tous les cas, vous devez l'admettre : votre chemin n'a pas été semé de pétales de roses !

Même si vous avez du mal à qualifier le mal-être que vous ressentez, ces situations que vous ne supportez plus, vous les connaissez par cœur. Naturellement, depuis le temps, vous avez cherché à comprendre : pourquoi vous ? Pourquoi devez-vous traverser tout cela ? Qu'avez-vous raté ou mal fait ? Combien de fois vous êtes-vous demandé quand tout cela allait s'arrêter ? Peut-être une goutte de trop a-t-elle fait déborder le vase ? Peut-être le prix à payer pour maintenir un certain équilibre est-il devenu insupportable. Et si vous réalisiez, à vous mettre en quatre pour satisfaire votre entourage, que vous passez à côté de la vie et surtout de vous-même ? Dans tous les cas, vous touchez maintenant vos limites. Pour vous, désormais, « y'en a marre » !

Pourquoi ce livre et que contient-il ?

Vous voulez que ça change ! Cela s'impose à vous : vous devez vous sortir de cette situation ; à défaut, vous risqueriez d'y laisser sinon votre peau, du moins votre santé. Si quelqu'un vous demandait : « Au fond, que voulez-vous ? », vous pourriez, à l'instar de nombreuses personnes, répondre : « Je ne sais pas ce que je veux, mais je sais clairement ce dont je ne veux plus. » Il s'agit là d'un début. Pourtant, comment avancer si vous ne savez pas vers où diriger vos pas ? Partir de ce qui ne vous convient plus consiste à agir contre (l'autre, la situation, le système), alors que vous positionner pour vivre ce à quoi vous aspirez profondément relève d'une action positive, au service de votre cause. Vous l'avez compris, pour avancer, vous devez définir et visualiser ce que vous désirez vivre.

Mais avant cela, et c'est le thème de la première partie de ce livre, il s'agit de reconnaître vos situations de souffrance les plus fréquentes et les formes parfois sournoises qu'elles prennent, de les analyser sans complaisance et de ne plus vous voiler la face, quelles que soient les sphères concernées dans votre vie.

La deuxième partie vous permettra de donner du sens à ces souffrances. Vous établirez des liens entre le présent et ce que vous avez vécu pendant votre enfance, le système éducatif qui vous a modelé(e), les règles implicites et les schémas inconscients qui vous ont été transmis et que vous reproduisez. Vous réaliserez que vos façons de voir et de faire sont « compréhensibles », puisque vous avez été programmé(e) pour endosser le ou les rôles que l'on vous a attribués.

Enfin, grâce aux préconisations de la troisième partie, vous quitterez ces schémas trop connus. Vous changerez certaines de vos attitudes, vous vous positionnerez différemment, et vous prendrez votre place dans le ou les domaines qui vous soucient. Vous vous tournerez alors vers les outils susceptibles de vous aider pour accompagner ce changement, réussir votre nouveau positionnement et atteindre vos objectifs.

Ce livre est écrit pour un lecteur masculin, afin de faciliter les accords grammaticaux (les lectrices me pardonneront !). Néanmoins, il s'adresse aux hommes comme aux femmes : beaucoup d'éléments concernent les uns et les autres – les comportements spécifiques à chaque genre sont toutefois précisés. De même, les termes « parent » ou « clan » peuvent désigner le père, la mère, la fratrie, les grands-parents ou, plus généralement, la famille.

Par ailleurs, certains concepts issus de la psychologie et de la psychanalyse sont volontairement simplifiés, de façon à expliquer clairement au plus grand nombre ce qui se joue et à déboucher rapidement sur des solutions. Enfin, tous les exemples sont inspirés de cas réels. Les prénoms et de nombreux détails ont été changés, dans l'optique de respecter l'anonymat. En effet, si toutes ces personnes « présentent bien » et sont intégrées dans la société, elles sont marquées par un passé plus ou moins difficile, avec son lot de traumatismes et parfois de maltraitances. Aujourd'hui, certaines cheminent vers la résolution de leurs problèmes, tandis que d'autres ont déjà atteint le but recherché.

Je vous le répète, toute souffrance mérite attention, même si elle paraît dérisoire au regard d'éventuelles tragédies. Loin de m'adresser aux seuls cas « désespérés », j'en suis persuadée : où que vous en soyez, vous méritez d'aller encore mieux ! Pour cela, prenez la décision de cesser de vous saboter et, ne l'oubliez pas, vous avez le droit et le devoir d'occuper votre juste place dans tous les domaines, car vous êtes unique et exceptionnel(le).

Première partie

J'vais pas si bien !

Chapitre

1

Santé, travail, vie quotidienne : négligences et tracas

Quel est ce mal-être qui me mine ?

Le mal-être est un état intérieur qui résulte d'une accumulation de problèmes non résolus et d'insatisfactions, diffuses ou au contraire parfaitement identifiées. Elles concernent un seul ou plusieurs domaines (affectif, professionnel, amical, familial, etc.). Ainsi, vous pouvez vous sentir bloqué dans des situations problématiques, ou frustré dans la mesure où tout ne se déroule pas comme vous le voudriez, qu'il s'agisse des turpitudes de votre ado, de la dépression de votre mère, du caractère lunatique de votre collègue de travail ou de votre conjoint, des travaux qui trainent dans votre cave, de la chaudière capricieuse ou des humeurs de votre amoureux, pour ne donner qu'une poignée d'exemples.

Posez-vous et prenez quelques minutes pour noter sur une feuille ce qui ne va pas bien dans votre vie. Une fois que vous avez terminé, vérifiez que vous avez bien identifié *tous* vos sujets d'insatisfaction.

En effet, vous avez beaucoup enduré, et ce que vous pourriez juger acceptable, voire normal, ne l'est pas forcément.

Des situations révélatrices d'un dysfonctionnement sont développées ci-après, sans exhaustivité. Lisez-les attentivement, crayon en main, et repérez sans complaisance celles qui font écho en vous, même si certaines peuvent vous paraître caricaturales. Si un exemple évoque l'une de vos problématiques mais que celle-ci ne figure pas dans votre liste, notez-la également. Sachez enfin que ces illustrations, fondées sur des cas réels, sont volontairement présentées sous la forme d'un « réquisitoire » contre le lecteur : celui-ci pourra ainsi prendre conscience de ce qui le concerne, et rire du reste…

Mes soucis du quotidien

Je ne prends pas soin de ma santé

Votre corps est le véhicule essentiel de votre vie : si vous ne prenez pas soin de lui, vous vous condamnez à perdre vos facultés physiques rapidement, à contracter davantage de maladies et à vieillir prématurément. Or, pour le moment, vous avez refusé de voir à quel point il représente un temple sacré.

Ainsi, vous renoncez à pratiquer de l'exercice physique sous prétexte de fatigue ou d'un trop-plein d'activités. Vous utilisez votre voiture et vous vous gardez de marcher ou de prendre votre vélo. Et lorsque le week-end arrive, tous les prétextes sont bons pour éviter le moindre mouvement.

Vous grignotez des cochonneries alors que vous êtes en surpoids. Pire : vous avez une taille de guêpe mais, par manque de temps, vous vous alimentez dans les fast-food ou avec des plats préparés, faciles à avaler, compliqués à digérer. Vous absorbez des glutamates, des sucres raffinés, des conservateurs. Votre organisme, déjà bien fatigué, aura du mal à les éliminer.

Parlons de votre santé. À force de ne pas entendre les signaux de votre corps, vous laissez traîner les choses. Ainsi, le dentiste a dû dévitaliser quelques dents parce que vous n'avez pas soigné vos caries dans le temps. Ne parlons pas des « petites maladies » que vous négligez : ulcère, remontées gastriques, bronchite chronique, etc.

Certains comportements affectent votre vitalité d'une autre manière. Vous avez par exemple appris à endormir vos angoisses du soir. Entre la télévision, les gloussements des heures durant au téléphone avec vos amis, vos potentiels soupirants, les femmes convoitées, les longues errances sur le Net (films, pornographie, *gossips*, achats compulsifs), les bières, les apéros quotidiens ou le « petit joint », sans parler des bonbons, gâteaux, chips et sodas, les solutions rapides pour cesser de penser pullulent… Ces pratiques retardent l'heure de votre endormissement, ajoutent du stress ou des calories inutiles, des toxines avec lesquelles votre système devra encore composer. Vous entrez alors dans un cercle vicieux : pour compenser la fatigue, vous consommez du café, des litres de thé, des sodas sans calories, des barres de céréales. Vous êtes alors encore plus épuisé le soir et votre énergie diminue, lentement mais sûrement.

Ces « mauvaises habitudes » s'avèrent gentillettes comparées au tourment que peuvent représenter les addictions. Si vous êtes dominé depuis des années par votre dépendance au jeu, à l'alcool, à la cigarette, à la drogue, aux médicaments, au shopping, à la *junk food*, au sucre, aux *chats* sur Internet, à la séduction, au sexe, quel que soit votre degré d'implication, du plus léger au plus important, vous le savez parfaitement : vous y laissez une bonne part de votre vigueur.

Je me néglige

Autrefois, vous surveilliez votre pilosité, vous étiez attentif à votre style. Vous exhaliez une discrète odeur d'eau de toilette qui, mêlée à votre fragrance naturelle, vous caractérisait. Vous alliez chez le coiffeur, l'esthéticienne, la manucure.

Aujourd'hui, peut-être pratiquez-vous une toilette de chat et avez-vous tendance à remettre le même vêtement deux, voire plusieurs jours de suite, juste parce que vous avez la flemme de repasser. Vous considérez en effet que l'on doit vous accepter comme vous êtes ou ne pas s'intéresser à vous. Votre manque de considération pour vous-même et de foi en un avenir meilleur transparaît à travers votre mine. Franchement, qui croyez-vous convaincre en vous présentant ainsi ?

Je ne prends pas soin de mon lieu de vie

Parlons maintenant de votre environnement quotidien. Vous vivez dans un espace qui ne vous plaît pas : trop sombre, mal conçu, dont vous exécrez la décoration, ou si mal desservi par les transports que, sans voiture, vous voilà loin de tout. Vous laissez le bazar et la vaisselle s'accumuler. Vous zappez les nombreuses tâches ménagères et autres mini-bricolages qui amélioreraient votre qualité de vie si vous preniez le temps de les effectuer. Vous repoussez ces décisions, et vous avez honte : vous n'invitez personne, et votre avenir social et affectif paraît bien compromis.

Combien d'heures avez-vous perdues à chercher une facture ou un avis d'imposition, cachés dans des piles de vieux papiers ou de magazines que vous ne lirez jamais ? Sachant que, le jour où ils réapparaîtront, il vous en coûtera 10 % de plus, du fait de votre retard.

Avez-vous un toit à vous, qui ne dépend de personne ? Ou bien devez-vous partager votre intimité avec un membre de votre famille qui, naturellement, ne vous laisse pas tranquille ? Peut-être rendez-vous des services (non stop) ou vous montrez-vous (trop) disponible, en échange d'un faible loyer ? Le souci réside moins dans le fait de dépendre financièrement d'un tiers que de payer votre hébergement au prix fort : celui de ne pas être respecté.

Dans l'optique d'acheter un appartement, vous êtes retourné chez vos parents ou vous avez pris une colocation. Elle ne vous convient pas : vos voisins de chambre ne partagent pas vos valeurs. Vous vous êtes installé dans un provisoire qui dure et tous les prétextes sont bons pour ne pas bouger. Que de lourdeurs inutiles !

Je ne fais pas attention à mes affaires

Vous ne prenez pas davantage soin de vos objets que de votre corps : vous les faites tomber, les cassez, les perdez. Vous conservez une quantité incroyable de choses détériorées (voiture, vélo, électroménager, outils divers), inutilisables ou « en attente d'être réparées ». Quel que soit leur état, elles vous encombrent. En définitive, il vous arrive de composer avec des chaussettes trouées, des collants filés, etc.

Et votre passeport, passé dans la machine à laver par négligence ? Si vous aviez vidé vos poches avant, vous auriez économisé une centaine d'euros ! N'avez-vous jamais perdu un joli gant en cuir ou une écharpe en cachemire par manque d'attention, parce que vous n'étiez pas vraiment présent à ce que vous faisiez ?

Vous abîmez vos vêtements de qualité. Vous les avez payés cher, pourtant vous les portez à mauvais escient, sous la pluie alors qu'ils ne sont pas imperméabilisés, ou bien vous les tachez. Vous regrettez votre investissement, toutefois, vous ne pouvez vous en prendre qu'à vous-même !

Je suis en difficulté avec l'argent

Vous êtes séparé de votre ex depuis longtemps, mais vous le côtoyez tous les jours dans la maison qu'il refuse de vendre (il fait traîner les choses depuis des années). Vous voilà coincé au domicile conjugal, incapable de tourner la page, faute de distance et de moyens.

À moins que vous ne soyez associés professionnellement. Si vous voulez reprendre vos parts, vous perdrez votre job, et cela réveille en vous une panique viscérale.

Vous payez pour vos enfants (l'autre parent a disparu ou ne verse pas de pension depuis qu'il s'est rendu insolvable). Vous avez du mal à joindre les deux bouts ; vous vous demandez chaque jour comment vous allez vous en sortir.

Vous rendez de nombreux services à votre entourage, gracieusement. Cela vous coûte de l'énergie et un certain temps, pendant lequel vous ne vous occupez pas de vous.

Si vous êtes une femme, vous « gâtez » les hommes que vous fréquentez, souvent plus jeunes que vous, d'origine étrangère. Ils vous ont fait découvrir le sexe et l'amour. Au début, vous les invitiez au restaurant de temps à autre mais, depuis un moment, ils vous mettent la pression pour les aider à monter une affaire, financer leur formation ou l'hôpital pour un membre de leur famille. Vous n'osez pas refuser, de peur de les perdre, et vous entrez dans une spirale sans fin.

Si vous êtes un homme, vous « achetez » vos partenaires. Week-ends en relais châteaux, voyages, restaurants étoilés : vous ne lésinez pas pour montrer votre puissance. En réalité, vous ne faites que payer pour exister !

Et si vos moyens financiers ne vous permettent pas de telles folies, vous vous mettez corps et âme au service de la belle : jardinier, bricoleur, homme de ménage, baby-sitter, psychanalyste… Vous endossez tour à tour des rôles de circonstance. En échange, elle condescend à vous octroyer quelques faveurs, le minimum syndical. Pendant ce temps, elle rêve d'un prince charmant. Le jour où il viendra, votre générosité lui semblera une pâle offrande, comparée au flux de passion qu'il fera naître en elle.

Vous vous saignez pour votre ex qui a réussi à obtenir une pension alimentaire, pour vos enfants qui refusent autant d'étudier que de travailler. Ils trouvent normal que vous leur achetiez des articles de marque, que vous leur offriez gîte et couvert. Et quand vous leur demandez de ranger leur chambre ou de descendre la poubelle, ils trouvent tout aussi normal de vous envoyer promener !

Vous avez quasiment ouvert une table d'hôte à votre voisine maltraitée par son mari, à son frère et à sa belle-sœur. Vous ne pouvez pas vous permettre de les entretenir, mais vous ne savez pas comment le leur dire.

Chaque fois que votre compte bancaire est créditeur, vous dépensez à tort et à travers. Vous finissez à découvert, ce qui génère du stress, et vous devez de surcroît payer des agios.

Vous êtes toujours « ric-rac », vous ne comprenez pas ce que vous faites de votre argent… Objectivement, vous en gagnez, pourtant vous passez votre temps à courir après et à « écoper ». Variante : vous avez quitté un métier salarié, suivi une formation hors de prix pour bricoler laborieusement en tant qu'autoentrepreneur. Une semaine, vous allez bien, vous agissez et votre carnet de rendez-vous se remplit, puis soudain vous manquez d'allant et vous ne gagnez plus rien. Un mois plus tard, vous vous réveillez et vous réinvestissez votre activité, jusqu'à la prochaine « crise » de manque d'envie.

Vous ne savez pas vous vendre ou vous acceptez un salaire sous-évalué. Quelle valeur vous accordez-vous ? Et si vous ne vous estimiez pas à votre juste prix et ne vous autorisiez pas l'abondance ?

Je suis allergique aux tâches administratives

Vous procrastinez et négociez ensuite avec l'administration. Ainsi, un procès-verbal pour stationnement interdit vous coûte vingt fois plus, avec les frais d'huissier, que ce que vous auriez payé initialement si vous n'aviez pas imaginé passer à travers les mailles du filet. Parfois, vous prenez d'autres risques : faire fi de l'horodateur et du ticket de stationnement, refuser de composter votre billet de train, enjamber le portillon du métro… Bref, ces situations ajoutent une pression inutile dans un monde qui en engendre déjà suffisamment !

Négliger courriers et lettres recommandées vous entraîne dans un système pervers. Vous dépensez beaucoup plus d'énergie et d'argent à réparer vos « oublis » qu'à traiter les problèmes lorsqu'ils se présentent.

Dans la même veine, vous vous trouvez embarqué dans un contentieux à l'égard d'un membre de votre famille, un propriétaire, un voisin, un ex-patron. Vous vous consumez dans un conflit qui dure peut-être depuis des années, et qui vous mine petit à petit. Il est trop tard pour lâcher : vous avez tellement investi… À moins que lâcher n'ait été impossible, compte tenu de l'injustice subie.

Ou encore, vous ne parvenez pas à « digérer » un ancien job dans lequel vous avez été, selon votre ressenti, manipulé : vous vous battez aux prud'hommes depuis trop longtemps. Autre cas de figure : vous respirez dans la nostalgie d'un statut qui n'est plus le vôtre aujourd'hui (starisation, mariage avec un riche parti, fonction professionnelle importante). Vous vivez dans le passé, sans accepter la réalité actuelle. Compenser l'image défaillante que vous avez de vous-même en ce moment, et la restaurer par rapport à celle d'antan, vous épuise tout autant.

Les procès, factuels ou symboliques, destinés à lutter rétrospectivement contre des injustices, coûtent cher – au sens propre comme au sens figuré. Combien de fois n'avez-vous pas prononcé cette phrase : « Jamais je ne leur pardonnerai, ils me le paieront ! » ?

Cette colère ressemble à un poison que vous absorberiez tout en souhaitant que ce soit l'autre qui en meurre. Sachez-le une bonne fois pour toutes : votre rage n'atteint que vous-même et n'affecte aucunement vos soi-disant ennemis… Et, à votre avis, à qui en réalité demandez-vous réparation, derrière le prétexte administratif ?

Dans tous les cas, rongé par ces dissensions, vous justifiez vos actions et votre motivation et, surtout, le temps que vous y consacrez, sans voir la place qu'ils occupent dans votre vie : ils vous empêchent d'avancer !

Je me laisse déborder par le stress

Vous jonglez entre la crèche, la nounou, les réunions de famille et de parents d'élèves, celles du travail, les transports, les sorties, les voyages professionnels, les stages, les formations, plusieurs jobs… Bref vous n'arrêtez pas ! Vous faites tout au dernier moment, dans l'urgence, et vous y passez souvent une partie de la nuit. Vous vous couchez tard, vous vous levez tôt, vous n'avez plus une minute pour vous. Pour couronner le tout, vous emportez des dossiers à la maison, vous vous occupez de votre mère qui souffre de la maladie d'Alzheimer et, en plus de vos trois enfants, vous emmenez ceux des voisins au judo.

Vous êtes toujours en retard. Vous écrivez chaque matin une liste de choses à faire dans la journée, mais il vous en reste toujours autant à accomplir. Comme vous le savez, l'excès de stress ne fait pas bon ménage avec la santé et peut conduire au *burn out*.

Au travail, c'est compliqué !

Vous avez accepté un emploi qui ne correspond pas à vos compétences réelles ou à vos aspirations profondes. À moins que vous n'effectuiez, en dehors du cadre de votre fonction, des tâches imposées par une direction menaçante. Sans parler de vos collègues qui vous portent aux nues quand vous leur rendez service, mais qui font la tête si vous avez le malheur de ne pas satisfaire à leurs demandes.

Vous n'exigez pas d'être payé pour vos heures supplémentaires parce que vous avez l'impression d'être sur un siège éjectable depuis que votre entreprise a été rachetée ou que votre boss a été muté. Si encore vous étiez cadre, vous feriez vos soixante-dix heures hebdomadaires sans sourciller. Seulement, cette promotion-là, vous l'attendez depuis des années. Malheureusement, si vous vous plaigniez, vous risqueriez de faire partie de la prochaine charrette…

Vous vous investissez pour sauver la petite entreprise au sein de laquelle vous espérez évoluer. Manque de chance : non seulement la gérante ne vous respecte pas davantage, mais elle vous presse jusqu'à votre dernière goutte. Après vous avoir complètement vampirisé, elle vous méprisera lorsque vous serez au bout du rouleau, et vous endurerez mille souffrances. Malgré vos sacrifices, des années et des centaines d'heures offertes, elle ne vous aura pas plus apprécié et encore moins remercié.

Vous refusez cette formation que l'on vous propose depuis trois ans. Elle vous permettrait pourtant de grimper dans la hiérarchie et d'augmenter votre salaire.

Vous remettez chaque année la validation des acquis de l'expérience (ou la validation des études supérieures) qui vous offrirait la reconnaissance de votre compétence et le diplôme que vous n'avez pas obtenu par la voie classique. Paradoxalement, vous vous plaignez de l'injustice que vous impose votre patron : il vous demande de faire le travail d'un ingénieur, sans la rémunération correspondante.

Chaque fois que vous démarrez un nouveau job, vous devenez la tête de turc d'un collègue ou d'un supérieur. Au bout de quelques années, vous partez, exténué, pour subir la même chose ailleurs.

Vous assistez une personne en particulier (chef de service ou de projet, « N + 1 », dentiste, pharmacien). Votre interlocuteur insiste pour que vous exécutiez parfaitement les tâches demandées, et ne vous complimente jamais. En revanche, il cherche vicieusement la petite bête, la ridicule imperfection que vous avez laissé échapper : il ne vous rate pas ! Vous vous sentez alors misérable, pas à la hauteur. Vous vous morfondez ; vous redoutez de nouvelles piques qui ne manqueront pas de vous déstabiliser, accentueront votre maladresse et justifieront d'autres reproches.

L'un de vos collègues laisse entendre que, chaque fois que vous vous retrouvez en groupe, à la cantine ou pendant les réunions, vous vous comportez comme une allumeuse. Vous utiliseriez votre charme et vos appâts pour obtenir la signature de vos contrats. Certes, vous souriez facilement et vous avez une nature plutôt extravertie ; toutefois, ces accusations fausses vous humilient et finissent par vous faire douter de vous. Au lieu de comprendre qu'il vous désire et vous jalouse à la fois, et de vous positionner en conséquence, vous vous perdez à l'éviter et à baisser la tête sous ses insinuations.

La « junior assistante » engagée en même temps que vous semble vous détester. Elle fait mine de ne pas vous voir lorsque vous vous croisez dans les couloirs. Devant les autres, elle vous traite normalement. Néanmoins, chaque fois que l'un de vos chefs vous congratule, elle détourne le compliment à son profit, change de sujet ou lance une blague débile, pour détourner l'attention de vous.

Votre responsable est limité ; vous l'avez remarqué au bout d'une semaine. Il est caractériel, pique des crises, insulte ses collaborateurs, ne s'excuse jamais et ne connaît pas la signification de l'expression « se remettre en cause ». Vous ne pouvez pas compter sur lui pour votre apprentissage à partir du moment où il préfère dire une bêtise au lieu d'avouer qu'il ignore la réponse. Tout le monde s'en plaint ; pourtant la direction le soutient, parce qu'il arrive à faire croire qu'il est à l'origine des résultats de l'équipe.

Vous vous échinez à comprendre comment les alliances se nouent et se délitent au sein de votre boîte. Il vous arrive, bizarrement, d'être la risée d'un groupe après avoir été formidablement investi par celui-ci. Passer alors du statut d'adulé à celui de paria vous anéantit : vous perdez vos moyens, vous vous comportez en esclave ou vous devenez agressif. Quoi que vous fassiez, vous ne retrouvez plus votre superbe. Vous voici obligé d'endosser le rôle du pestiféré ou de quitter la structure.

C'est vous qui ramenez le plus gros chiffre d'affaires de la société, mais vous n'obtenez jamais de promotion et votre salaire stagne, contrairement à celui de vos collègues.

Vous seul prenez systématiquement vos vacances pendant les mois de juin et septembre, quand vos homologues partent en juillet et en août. Depuis des années, les autres se sont réparti les semaines d'été, et vous ne savez pas comment aborder la question.

Vous avez tellement pris sur vous que vous avez fait un *burn out*. Deux ans de votre vie, entre dépression, culpabilité et mépris de vous-même.

Vous vous éclatez dans votre activité. Seulement, vous constatez que vos collègues se comportent parfois comme des « imposteurs » ou des « tire-au-flanc ». Ils ont tendance à piquer vos idées, à se les approprier puis à se faire mousser auprès du responsable d'équipe. Vous en venez à vous méfier d'eux, et dépensez beaucoup d'énergie pour contrebalancer la sensation désagréable que ces comportements réveillent en vous.

Chapitre 2

Famille, amis, amour : c'est pas facile !

On ne choisit pas sa famille

Vous ne parvenez pas à vous opposer à votre fratrie, qui décide de vendre la maison de votre enfance alors que vous aimeriez la garder.

Vous avez des frères et sœurs, mais vous êtes le seul à prendre en charge la santé de vos parents. Vous leur rendez visite deux à trois fois par semaine. Vous gérez leurs relations avec les médecins et les aides à domicile, et vous traitez toute la paperasse.

Votre père vous terrorise. Il a toujours de nouveaux désirs, qu'il vous enjoint d'exaucer (à vous et pas aux autres). Ou bien, votre conjoint se plaint en permanence et vous vous efforcez sans relâche de le contenter.

Vous êtes enfant unique. Vos géniteurs comptent sur vous. Ils ne comprennent pas pourquoi vous rechignez à faire d'eux le centre de votre monde. Chantage, plaintes et menaces (« Tu vas nous tuer ! ») accompagnent vos échanges.

Dans les réunions de famille, un tir groupé de réflexions s'abat systématiquement sur vous, selon un rituel bien orchestré. Régulièrement, vous fondez en larmes ou piquez une crise de colère. Vous suscitez autour de vous une réaction d'incompréhension mâtinée de pitié. C'est normal car, paraît-il, vous prenez toujours la mouche sans raison.

Vos ados vous en font voir de toutes les couleurs. Votre fils de 15 ans fume des joints ; surpris en flagrant délit dans son lycée, il se fait « éjecter ». Votre fille couche avec toute sa classe après s'être bien imbibée d'alcool dans une soirée, et vous répond jusqu'à plus soif.

Votre progéniture se porte bien, sauf le dernier qui, à plus de 25 ans, traîne au lit toute la journée. Il passe ses nuits sur son ordinateur, dans des régates virtuelles avec des joueurs aussi décalés que lui.

Votre frère ou votre sœur est toujours aussi jaloux de vous après toutes ces années, alors qu'il ou elle a mieux réussi que vous à tous points de vue : maison plus cossue, trente ans de mariage (vous êtes divorcé ou vous ramez), salaire plus élevé, enfants « parfaits »... À chaque repas, il ne peut s'empêcher de vous chercher des noises et de vous mettre en difficulté auprès de vos parents. Si bien que ces derniers vous tombent dessus, comme autrefois... Dans ces moments-là, vous avez 5 ans, tandis que lui a toujours raison et reste celui que l'on écoute !

Mes amis me déçoivent

Les relations amicales ressemblent aux relations amoureuses. Certains amis conservent entre eux une sage distance ; d'autres se comportent comme des amants passionnés, avec des calculs, trahisons et jalousies.

Tenez-vous-en aux faits. Votre amie de longue date, que vous avez soutenue au cours de sa séparation, vous rejette un soir de blues, alors que vous touchez vos limites et l'appelez au secours.

Dans le même ordre d'idée, vous réalisez que Mathilde, à laquelle vous aviez attribué le statut de « meilleure amie », crève de jalousie à votre égard. Dans une boutique, vous avez essayé en sa compagnie une robe qui vous faisait craquer. Elle vous a découragé de l'acheter : « Elle ne te met pas en valeur », a-t-elle asséné. Pleine de regrets, vous y retournez deux jours plus tard. Au moment de régler votre achat, la vendeuse vous informe que, la veille, Mathilde s'est offert cette même robe.

N'oublions pas Gilles, un copain de régiment : longtemps après, vous avez découvert qu'il était parvenu à séduire presque toutes vos ex-petites amies, alors que vous étiez encore en lien avec certaines d'entre elles.

À son mariage, Gaëlle, votre amie d'enfance, vous a placée à la table des enfants. Elle n'aurait pas supporté que vous attiriez l'attention d'un des cinq célibataires craquants de la soirée. Lorsque vous avez commencé à onduler sur la piste de danse, l'un d'eux est venu vous rejoindre. Vous avez lu dans ses yeux que vous étiez son genre. Il n'a pas fallu cinq minutes pour que Gaëlle déboule, vous attrape méchamment par le bras, vous entraîne en cuisine et vous fasse comprendre que vous gâchiez la fête avec vos comportements aguichants.

Jean-Rémi, votre plus proche camarade, vous a présenté Martin. Instantanément, vous vous êtes parfaitement entendu avec ce dernier. Mais Jean-Rémi ne supporte pas que Martin échappe à son contrôle, et il vous le montre. Comme vous ne souhaitez pas vous fâcher avec lui, vous recourez à mille ruses pour inviter Martin sans son « chaperon », et vous dissimulez votre amitié réciproque lorsque vous êtes tous les trois : que de contraintes !

Depuis que vous avez succombé à son charme, en première année d'université, Florence a adopté la « princesse attitude ». Sûre d'elle-même, dotée d'un charisme de leader, elle menait votre duo avec une aisance que vous ne contestiez pas. Vous lui étiez dévoué, l'appeliez pour lui proposer les meilleures sorties, lui offrir des chevaliers servants sur un plateau d'argent (elle en faisait bon usage ; elle en a même épousé un !). Bref, vous la serviez, et tout tournait autour d'elle. Seulement, au fil des années, vous vous êtes lassé de cette relation unilatérale. Vous avez cessé de la contacter, et elle a disparu de votre vie du jour au lendemain. En définitive, votre amitié n'avait tenu que parce que vous mettiez du charbon dans la locomotive...

Un ami de toujours choisit un tiers pour partager ses vacances, et vous souffrez malgré ses justifications : « Tu ne pouvais partir que deux semaines, j'en avais trois... Et tu n'avais pas le budget pour aller si loin. »

Depuis des années, chaque mois, vous organisez une soirée chez vous. Vous recevez une trentaine de personnes que vous entassez jusque sur le balcon. Un jour, vous réalisez que vous n'êtes jamais convié aux fêtes organisées par vos amis. Pour voir, sans y croire, vous cessez de les inviter. Trois mois plus tard, vous vous rendez à l'évidence : ceux que vous croyiez proches, qui, souvent, étaient ensemble grâce à vos talents d'entremetteur, qui avaient noué des contacts utiles à travers votre réseau, ont cessé de se manifester.

Vous n'avez plus d'amis. Ceux de votre enfance se sont volatilisés au fil des déménagements. Lorsque vous vous êtes séparé de votre conjoint, vos proches ont choisi son camp, ou vous ignorent de peur que vous intéressiez soudain leur partenaire.

Vous connaissez plein de monde : si l'on vous interroge, vous avez des copains, des copines. Vous faites la fête ensemble et vous aimez ça. Accessoirement, vous passez des nuits torrides. Vous êtes très actif mais, quand vous tombez malade, vous ne savez pas qui appeler à 3 heures du matin. Et la nuit, dans votre lit, vous êtes irrémédiablement seul !

Le célibat me pèse

Longtemps, vous avez cru que vous ignoriez les nouvelles règles du jeu amoureux, que vous étiez dépassé. Ensuite, vous avez eu l'impression que votre légendaire timidité vous desservait lorsqu'il s'agissait de séduire. À moins que votre personnalité extravagante n'ait repoussé les personnes que vous auriez aimé conquérir !

Finalement, vous vous êtes dit que le hasard vous avait, une fois de plus, joué un bien vilain tour. Il a bon dos : il fait sens, il rassure. Cependant, il occulte d'autant plus les situations répétitives que celles-ci changent de forme à chaque nouvelle rencontre. Les costumes et les décors se sont renouvelés, vous croyez mordicus que la chance vous sourit enfin avec cette personne-là : une pointe d'exotisme, un âge différent, un milieu social plus attrayant, un charme inattendu, etc. Oui, mais le scénario reste le même ! Vous n'y voyez que du feu et vous « replongez »… pour découvrir, quelques semaines, mois ou années plus tard, que votre cœur saigne tout autant, même si l'« emballage » a changé.

Quand vous traversez une phase de célibat qui dure un peu trop, heureusement, vous en avez l'intime conviction : « *Il* va venir » ou « *Elle* tombera dans mes bras ». D'ailleurs, une voyante, une collègue tireuse de cartes vous l'a dit : elle voit un homme brun, de l'argent, du romantisme, ou une femme blonde, du sexe, encore du sexe, des voyages ; bref, ceux qui vous sont destinés !

À force de rêver au jour qui marquera l'arrivée de votre élu(e), vous vous anesthésiez. Et vous ne voyez pas qu'ici et maintenant, il manque quelque chose qui pourrait s'appeler la joie, la vie, le respect…

Je ne rencontre personne

Mais que faites-vous pour favoriser les rendez-vous ? Avouez-le : pas grand-chose, et il ne se passe rien ! D'ailleurs, quand il vous arrive de vous ouvrir, celui qui s'intéresse à vous ne vous intéresse pas, et celui qui vous intéresse ne vous regarde même pas.

Dans la même veine, c'est bien connu, « les hommes bien sont tous pris » et « les filles intéressantes et sexy veulent des partenaires plus riches, plus grands, plus beaux ». Alors autant renoncer, puisque le « marché » est saturé. On ne sait jamais, peut-être qu'un jour votre prince viendra ou que la nouvelle voisine de palier vous sautera au cou !

Je suis anesthésié

Vous vous êtes coupé de vos émotions et de votre corps. Vous avez déplacé vos centres d'intérêts vers des causes tout aussi nourrissantes, mais moins dangereuses affectivement. Que vous vous passionniez pour l'humanitaire, la politique, les banlieues, le macramé ou vos petits-enfants, vous avez pris une décision, et vous vous y tenez. Pourtant, un jour, à la sortie d'une conférence, vous m'attendez pour me demander discrètement : « Vous croyez que c'est encore possible… À mon âge, après ce que j'ai traversé ? »

Je me drape dans ma dignité

À l'inverse de celles qui n'y croient plus, ancienne dépendante affective, vous êtes fière d'avoir enfin rompu avec votre dernier « bourreau des cœurs ». Depuis, vous avez cessé toute relation. Vous arborez votre nouvelle autonomie, tel l'étendard de votre identité toute neuve. Désormais seule mais vraiment heureuse, vous avez appris à vous aimer et à comprendre que c'est la toute première condition pour transformer votre vie. Vous avez conscience que vous n'avez pas encore rencontré le partenaire qui vous conviendrait mais, à l'heure actuelle, il ne s'agit plus d'une priorité. Drapée dans votre récente dignité, vous jouissez de ce non-désir, supposé réparer les années pendant lesquelles vous vous avilissiez sur l'autel de votre « maître ». Et plus vous vous tenez loin de toute intimité, plus vous vous sentez puissante, d'une manière inversement proportionnelle à votre soumission d'antan.

Quant à vous, Monsieur, vous faites couple avec votre chien (assez gros en général), plus rarement avec un chat. Vous refusez de démarrer une nouvelle histoire, de crainte de revivre l'enfer des précédentes, ou parce que vous avez décidé d'aller à la rencontre de vous-même et de savoir enfin qui vous êtes vraiment. Vous semblez d'autant plus excitant que vous êtes autonome. De surcroît, vous pratiquez la méditation, le yoga et la remise en question, ce qui les rend folles de désir. Pourtant, vous repoussez toute approche féminine explicite. Paradoxalement, vous n'appartenez pas à la catégorie des (vieux) célibataires endurcis : souvent, vous avez vécu avec une femme et vous avez même eu des enfants (avec lesquels vous faites peut-être couple symboliquement). Mais vous vous souvenez du temps où, assujetti à votre Cruella et à vos hormones, vous creviez de votre situation : clairement, vous n'avez pas l'intention de laisser une femme reprendre le pouvoir sur vous.

Mesdames, quand vous tombez en pâmoison devant cette apparente spiritualité, sachez qu'il se réfugie derrière son « guru » pour ne plus se laisser atteindre par le féminin. Cette qualité, rare de surcroît pour vous qui croisez plus d'amateurs de foot ou d'échecs que de méditation, dissimule un être inaccessible. Il utilise le recueillement comme ultime rempart : vous vous y userez et y laisserez vos dernières illusions !

Au fond, hommes et femmes, perchés sur vos hauteurs, vous avez troqué votre ancienne obédience contre une autre : l'excès mène souvent à une posture différente, mais tout aussi extrême. Et, si celle-ci vous a protégé par le passé, elle devient désormais votre nouveau tombeau.

Je n'y crois plus

Pour arriver à ce manque de foi, vous avez probablement connu liaisons décevantes, maltraitances directes ou indirectes, ruptures, abandons, rejets ou humiliations, avec les souffrances qui en découlent : la déception, la tristesse et la peur que votre prochaine idylle ne ressemble aux précédentes. Selon votre parcours, soit vous vous positionnez en tant que victime (vous manquez alors de chance et tombez systématiquement sur les mauvais numéros) ; soit votre colère devient une barrière qui interdit à l'autre de vous approcher et de vous rencontrer dans votre authenticité. Croyez-vous lui donner envie de franchir les obstacles jusqu'à atteindre votre cœur ?

Je manque de jugement lors de la rencontre

Enfin, vous croisez un partenaire potentiel. Certes, à table, il a bu la bouteille de vin à lui tout seul. Sans doute, il a glissé dans la conversation qu'il aimerait pratiquer le polyamour, ou qu'il était bipolaire. Toutefois, vous n'avez voulu voir que sa lumière, et l'effet qu'il produisait sur votre libido en berne. Alors, vous avez foncé dans la liaison, pour le quitter quelques mois plus tard parce que vous ne supportiez plus, au choix, ses tendances libertines, ses variations d'humeur ou son alcoolisme mondain.

Je ne veux pas entendre les alertes de mon entourage

Vos amis vous avaient prévenu et votre partenaire vous l'a confirmé : « Il sort d'un divorce », « C'est une mangeuse d'hommes ! », « Elle est dépressive » ou « Il adore sa môman ! ». Naturellement, vous n'en avez pas cru un mot : vous vous situez au-delà de ces considérations pathétiques. Vous, vous êtes puissant, fort, doté d'une foi et d'une fougue telles qu'avec vous, « ce sera différent ! ». Parlons-en dans quelques mois…

Je ne me fais pas respecter

Vous ne savez pas dire « Non » à un homme qui insiste pour coucher avec vous, de peur de paraître coincée ou de ne plus le revoir.

Peut-être acceptez-vous des pratiques sexuelles qui ne vous conviennent pas alors que, par ailleurs, vous n'avez rien d'une oie blanche ?

Vous avez entre 15 et 35 ans (rarement plus, mais cela arrive) et vous vous lâchez sexuellement avec des inconnus après avoir bu plus que de raison. Au matin, vous ne savez rien d'eux, vous ne vous souvenez ni de leur prénom, ni même de ce que vous avez fait. Vous rentrez chez vous confuse, dégoûtée, et vous vous plaignez auprès de vos copines de ne pas avoir de petit ami attitré.

Si vous êtes un homme, ne vous arrive-t-il pas de repeindre le salon d'une femme en échange d'un simple baiser ? Voire de monnayer les faveurs d'une semi-professionnelle, faute de vous autoriser une véritable relation ? Vous donnez, somme toute, beaucoup pour recevoir peu. Vous vous mettez en quatre ; vous anticipez, calculez, vous angoissez et vibrez pour une personne qui sous prétexte de vivre dans l'instant présent, profite de vous et ne songe qu'à elle-même. Au mieux, vous figurez dans le carnet d'adresses d'une de ces dames en tant que *sex boy* de qualité. Vous accourez chez elle quand elle vous siffle, mais vous préféreriez l'inviter à dîner, partager un vrai moment de tendresse en dehors du sexe. Malheureusement, elle ne vous autorise pas davantage. Et ce, avec votre consentement.

Mes histoires d'amour finissent toujours de la même façon !

Vous êtes généralement trahi, trompé, volé, insulté, quitté, ou bien on vous dit : « Tu es quelqu'un de génial, mais :

- je ne suis pas amoureux ;
- je vais réessayer avec mon ex ;
- je ne suis pas prêt ;

- tu n'es pas vraiment mon genre, je n'arrive pas à m'habituer à ton physique, ta personnalité, ton odeur, ton look, ta taille, ton poids, ta couleur de cheveux, ton âge, tes amis, ton chat… »

Je ne parviens pas à oublier un de mes ex

D'abord, vous avez rejoué avec lui « Je t'aime moi non plus » pendant quelques années. De rupture en retrouvailles, d'espoir en duperie, de chantage en jalousie, l'un des deux s'est épuisé, a quitté le navire, ou s'est finalement reposé auprès d'un tiers plus facile à vivre. Alors, vous avez entretenu le mythe pour, surtout, vous accrocher à ce lien : déjeuner hebdomadaire entre amis communs, fréquentation assidue de l'ex-belle-famille… Chaque année, vous revisitez les lieux cultes de votre parcours ; le reste du temps, vous vous repassez en boucle les films du type « Avec lui, je vibrais ».

Pour les hommes, aucune femme n'aura jamais la sensualité ni la personnalité charismatique de leur Cruella. Elle leur en a tellement fait baver qu'ils ont dû partir pour sauver leur peau mais, bizarrement, malgré ses folles exigences et ses implacables rétorsions, elle les hante encore.

En tant que femme, vous restez parfois en connexion avec votre ex pour des raisons domestiques (maison, adresse postale, prêt d'argent) ou psychologiques (colère, ressentiment, jalousie). Cependant, certaines émotions, normales dans la période de « deuil », perdurent. Si bien que, même si vous ne vous affichez plus ensemble, vous continuez à « faire couple ».

Variante : vous fantasmez sur une personne avec laquelle vous auriez pu partager une tranche de vie exceptionnelle, alors qu'il ne s'est rien passé. À l'aune de ce prince défunt, impossible ou perdu, aucun humain ne saurait tenir la comparaison.

Dans tous les cas, cet ex mythique ou fantomatique occupe tellement de place dans votre quotidien que nul autre ne saurait s'y installer. Vous semblez vous complaire dans la nostalgie pour entretenir la puissance de votre lien, d'où certaines errances affectives, faute de disponibilité. Mais qui donc cette figure inoubliable camoufle-t-elle ? Qu'est-ce qui vous empêche de sortir du piège dans lequel vous vous êtes enfermé tout seul, de penser enfin à vous et d'écrire une nouvelle page ?

Je suis abonné aux amours impossibles

Vous tombez toujours sur des personnes déjà engagées, qui habitent loin voire à l'étranger, ou qui font elles-mêmes couple avec leur chien, la maladie de leur chien, leurs parents, la maladie de leurs parents, leur fratrie, leurs enfants, leur ex, leur job, leur passion, leur addiction, leur dépression, leur psy… Ne croyez pas qu'il s'agisse d'un hasard ! Vous vous organisez pour choisir des partenaires impossibles ; ainsi, vous êtes certain de rester célibataire encore longtemps !

La dure vie des couples

Je me suis engagé avec la première personne qui voulait bien de moi

Vous avez fui un milieu pauvre, malsain ou trop religieux. Peut-être le clan était-il indifférent à votre égard ? À moins que le caractère despotique de l'un de vos parents, sa violence ou la « piédestalisation » de votre sœur n'aient motivé votre départ ? Quoi qu'il en soit, vous vous êtes précipité dans les bras du premier venu, pour peu qu'il ait exprimé quelque gentillesse. Malheureusement, avec le temps, il a révélé son vrai visage et vous voilà coincé : le quitter, alors que vous avez bravé les membres de votre famille, reviendrait à reconnaître votre erreur et à subir leurs sarcasmes. Partir vous semble donc impossible, pour des raisons matérielles et psychologiques. En définitive, contre toute attente, vous vivez le même enfer qu'autrefois.

Je suis frustré avec ou sans mon partenaire

Dans une relation harmonieuse, vous êtes supposé vous sentir bien lorsque vous vous séparez de l'autre pour rejoindre vos occupations : vous êtes nourri, serein.

Or, vous entretenez des liens douloureux, compliqués, qui génèrent de la frustration sans lui, mais aussi en sa présence. Il arrive que vos partenaires alternent des attitudes adorables et des positions mutiques. D'autres fois, ils piquent des crises et crachent leur colère sur vous. À moins qu'ils ne vous insultent suite à une prise de stupéfiants, d'alcool, ou en réaction à une demande abusive de leur ex, voire sans raison. Et vous supportez ces comportements, sans trop savoir pourquoi.

Je ne peux m'empêcher de faire des scènes

Tout va plutôt bien, mais c'est plus fort que vous : à un moment donné, une pulsion vous dépasse, et vous voilà en train de monter dans les tours ou de partir en vrille, malgré vous. Votre interlocuteur tente de vous calmer, en vain. Vous finissez par redescendre, épuisé par votre propre tension, et vous vous trouvez pathétique. Vous avez beau vous excuser platement, vous savez que vous recommencerez. Combien de temps croyez-vous que l'autre tiendra ?

Je suis malade de jalousie

Vous pourriez exercer le métier d'agent secret, tant vous avez développé de talents pour espionner votre conjoint : ordinateur, courriers, téléphone… Il n'a plus aucun secret pour vous, ni plus aucune vie privée, puisque vous le harcelez en permanence, qu'il soit « coupable » ou non. La suite ? Soit il finit par vous tromper et vous donner raison, soit il vous quitte ! Ici, la vraie question serait : qu'est-ce qui se rejoue derrière cette jalousie ? Que revivez-vous de si dramatique ? Qu'avez-vous peur que l'on vous prenne ?

La gentillesse ne m'excite pas

Vous avez cru que le désir viendrait avec le temps, ou alors il n'a pas survécu aux années passées ensemble. Le vrai visage de l'autre est resté celui des débuts, « irréprochable », fort loin d'une « grande gueule » prête à vous humilier. Là réside sans doute le problème : qui sait si vous ne vous damneriez pas pour un ogre ou une ogresse prêt(e) à vous dévorer tout cru, à vous faire ramper pour vous octroyer quelques rogatons ?

Je suis privé de sexe mais je survis

Même si la frustration sexuelle semble plus répandue chez la gent masculine, elle concerne tout autant les femmes. Dans les deux cas, vous devez vous abstenir et, quand vous réclamez votre « dû », il vous est renvoyé que vous êtes obsédé, que vous ne pensez qu'à « ça ».

Si vous êtes un homme, celle qui vous impose cette diète a de bonnes raisons de le faire et, souvent, en tant que sauveur, vous respectez son désir pour ne pas réitérer un autre abus (« Tu comprends, mon oncle s'est livré à des attouchements sur moi quand j'étais petite » ou « Mon ex était violent, alors il me faut du temps »). Vous n'allez tout de même pas vous transformer en abuseur vous aussi ! Par conséquent, vous refoulez vos pulsions. Vous pratiquez la masturbation et vous attendez pendant dix ou quinze ans le bon vouloir de Madame, parce que vous êtes trop loyal pour prendre maîtresse. Si si, Mesdames, ce type d'homme existe, mais ce ne sont pas des cadeaux non plus ! Voudriez-vous d'un compagnon qui ne se respecte pas lui-même ?

L'oncle, mensonge ou réalité, a toujours bon dos. Certaines femmes n'ont d'ailleurs pas besoin de l'évoquer pour calmer les ardeurs de leur partenaire. La migraine, la fatigue, le reproche (« Tu n'as pas été gentil, alors tu feras ceinture pendant une semaine ») font partie des prises de pouvoir au féminin.

Si vous êtes une femme « rejetée » par son compagnon, vous vous sentez peu attractive, pas désirable, et vous pensez que si vous étiez plus grande, plus petite, plus ronde, plus fine, plus blonde, plus brune, plus frisée, plus sexy, avec un corps différent, alors il serait fou de vous ! Détrompez-vous : les hommes qui privent leur compagne de sexe se vengent du féminin. Vous faites office de punching-ball et supportez un courroux qui ne vous est pas destiné. Cette absence de contact engendre en vous un tel désagrément que vous finissez par haïr votre partenaire. D'ailleurs, selon Esther Pérel[1], « la frustration que les gens éprouvent lorsque leur corps n'est pas touché, caressé, étreint et satisfait, les amène à se sentir acculés. La tension sexuelle se transforme alors en rage ».

La vraie question ne serait-elle pas de vous demander : « Que diable suis-je allé faire dans cette galère ? »

J'accepte l'inacceptable : ses fantasmes !

L'autre vous impose une sexualité qui vous hérisse : fétichisme, polyamour, échangisme ; il peut s'agir de n'importe quelle pratique, à partir du moment où elle ne vous inspire pas. Dans la même logique, vous acceptez d'avoir des rapports sexuels avec d'autres personnes devant lui ou, plus simplement, de fréquenter des clubs « spécialisés ». Plus le temps passe, plus vous vous méprisez, plus vous vous résignez à le laisser y aller seul et à l'attendre. Votre tristesse et votre colère augmentent, mais l'idée de la séparation vous est insupportable.

Votre partenaire est infidèle ou encore lié à son ex, alcoolique, drogué, caractériel, au chômage depuis trop longtemps. Il vous jure qu'il va changer, et vous le croyez. Vous êtes dépendant de ses humeurs. Il vous maltraite émotionnellement, physiquement, sexuellement : qu'attendez-vous pour aller voir ailleurs ?

Je suis tombé raide dingue en dehors de mon couple

Après des années passées à cheminer et à vous accomplir à deux, vous alliez pouvoir enfin réaliser le projet qui vous tenait à cœur :

1. *L'Intelligence érotique* (Pocket, 2007).

vous installer à votre compte, émigrer dans un autre pays, avoir ou adopter un enfant…

À ce moment-là, un autre être surgit, généralement sur votre lieu de travail. Vous tombez fous amoureux l'un de l'autre, vous vous donnez des rendez-vous. À chaque fois, vous vous émerveillez de l'intensité, de la profondeur et de la fluidité de vos échanges : vous aviez oublié cette fraîcheur des débuts ; vous plongez dans la nouvelle relation et vous manquez de mots pour décrire votre bonheur. Dans la foulée, dépassé par vos émotions ou vos hormones, vous quittez votre conjoint.

Mais, très vite, l'amant révèle son vrai visage, et certains aspects vous chagrinent : un parcours affectif peu rassurant, des hésitations existentielles… Parallèlement, ses valeurs, ses projets ne ressemblent pas aux vôtres – précisément ceux que vous partagiez avec votre officiel. Vous ne vous voilez plus la face : vous avez commis une erreur. Votre ex vous manque, et vous revenez vers lui en toute humilité : il ne vous pardonne pas votre trahison. Vous vous en mordrez les doigts longtemps et, en plus du deuil de votre ancien conjoint, vous aurez à faire celui du galant. Dommage : au moment où vous alliez réaliser l'un des rêves de votre vie, vous avez tout saboté ! Il vous faudra beaucoup de temps pour retrouver des conditions aussi idéales.

Je n'arrive pas à quitter mon partenaire

Pourtant rien ne m'en empêche

À l'heure des « serial monogamies », dont la durée varie de quelques mois à quelques années, comment se fait-il que vous restiez avec un partenaire qui ne vous convient pas du tout ? Concrètement, vous

vous ennuyez avec lui. Même si l'une de ses particularités vous insupporte (son odeur, son rapport à l'intimité) ou heurte vos valeurs (infidélité, racisme, idées politiques), vous restez figé. Pourtant, rien ne vous retient : vous disposez de vos propres ressources ; si nécessaire, un parent se portera caution pour un studio, une chambre, et il reste naturellement la possibilité de chercher une colocation.

Depuis trop longtemps, vous repoussez l'instant où il vous faudra annoncer votre désir de partir. Vous ne voulez pas le blesser ni lui faire du mal ; il traverse une période délicate. Le plus souvent, vous craignez de ne pas supporter l'absence, le vide. Déménager, prévenir les amis, la famille, changer vos habitudes, toutes ces actions vous semblent lourdes. L'énergie à investir pour seulement penser à le quitter vous épuise déjà. Alors, vous relativisez : « Il est gentil, il ne boit pas », « Il gagne bien sa vie et j'en profite », « Ma mère l'adore », « Elle cuisine bien », « Elle est toujours d'accord pour faire l'amour »… La cohabitation ajoute une pression supplémentaire ou bien, contre toute attente, la difficulté à rompre se révèle aussi importante si vous ne viviez pas ensemble.

Quelquefois, vous partez dans un délire… et vous faites de l'autopersuasion. Si celui que vous appelez communément « le bon » (ou « celle que j'attends ») surgissait soudain devant vous, vous vous précipiteriez et prendriez votre décision en un clin d'œil. Malheureusement, l'expérience sur le terrain montre que l'on rencontre « en miroir ». Vous croyez que vous seul avancez masqué, pas l'autre ! De ce fait, porter l'étiquette invisible « Je suis avec quelqu'un mais mon cœur est libre » vous conduira à attirer des partenaires dans le même état d'esprit que vous, ou encombrés d'un fantôme, d'un ex polluant, d'une mère omniprésente, voire d'un animal de compagnie exigeant. Dès lors, vous vivrez une nouvelle relation « au jour le jour », bancale. Vous ne pourrez rien construire et aurez deux liaisons à gérer, donc plus de problèmes qu'avant.

Mais, au fond, qu'est-ce qui freine votre départ ?

Demandez-vous d'abord si l'histoire d'amour avec votre partenaire est vraiment terminée. La thérapie « Imago[1] », vous aidera à retrouver le lien avec lui/elle, donc de l'intimité et du désir.

Si, pour vous, « C'est mort », interrogez-vous sur les véritables raisons qui vous ont poussé à rester, quel que soit l'inconfort de la situation : causes psychologiques (l'attachement, les enfants), administratives (vous n'êtes pas marié depuis assez longtemps pour obtenir la nationalité), financières (compter sur votre seul salaire et une pension, même correcte, abaisserait trop votre niveau de vie), familiales (que diraient vos parents ?), sociales (pour qui passeriez-vous devant vos amis ?), personnelles (retrouverez-vous un compagnon aussi bien ?), etc. En bref, pourquoi vous interdisez-vous de vivre une relation épanouissante et au grand jour avec quelqu'un d'autre ?

J'ai peur de la solitude

Vous ne faites pas partie des adeptes du dicton « Mieux vaut être seul que mal accompagné ». Au contraire, être seul vous semble

1. Voir les sites http://www.imago-therapie.com/ et http://www.lamaisonducouple.ch/

inenvisageable : vous préférez vous étioler plutôt que de prendre le risque de voir ce qui se passerait à l'extérieur de votre cocon, somme toute bien rassurant.

Je reste pour les enfants

C'est clair dans votre tête : vous avez fait une erreur de casting, et vous avez cessé d'aimer celui qui partage votre vie. Vous n'avez plus de désir, vous vous ennuyez un peu, mais les habitudes et la tendresse vous aident à tenir le coup.

Tout le monde divorce autour de vous. Vous connaissez précisément le processus : la séparation, le déménagement, les histoires d'argent, la solitude, la jalousie quand l'autre exhibe sa nouvelle conquête. Et puis, vous savez que les enfants, pris dans la tourmente, en pâtissent la plupart du temps. Vous n'avez pas envie de faire vivre un tel drame aux vôtres. Vous tiendrez bien quelques années de plus, quitte à vous sacrifier pour eux. Dans ce cas, il ne faudra pas vous plaindre ensuite d'avoir perdu tant de temps… Prenez aussi conscience que votre « sacrifice » (« Je suis resté pour vous ») pèsera lourd sur leurs épaules.

Je reste pour le confort matériel… et je prends des amants

Madame, vous avez décidé d'épouser l'argent. Vos critères de choix reposaient sur la qualité de vie que vous procurerait votre mari. Vous n'avez pas été très regardante sur certains détails et même, au début, vous vous sentiez presque amoureuse ; vous avez eu envie d'y croire : vous vous êtes fait un film pour enrober votre vénalité.

Des années plus tard, vous êtes rattrapée par le manque de désir. Malheureusement, votre mari exige son dû. Après tout, il vous entretient depuis le début et trouve normal de pouvoir profiter de son « acquisition ». Vous envisagez de partir mais vous n'avez pas travaillé depuis vingt ans ; de plus, une pension et un bon avocat ne garantiront pas le maintien de votre train de vie. Alors vous composez, entre fatigue et migraine. Heureusement, vous sortez avec le *coach* sportif du club que vous fréquentez assidument, pour conserver une silhouette dynamique. Pendant l'acte, penser à lui vous aide à donner le change. Avouez-le, n'avez-vous pas déjà rêvé d'une vie trépidante avec votre conquête ? Seulement, vous êtes maligne, à la différence de votre amie Sophie qui a tout plaqué pour son prof de golf : vous savez bien que le beau bestiau qui enchante vos après-midi, sorti de son élément, ne vous fera plus fantasmer.

Si vous avez de la chance, votre époux a lui-même de tendres amies. Loin de vous harceler, il vous demande juste d'être une excellente maîtresse de maison et d'élever diligemment les enfants, pour qu'ils reprennent avec succès son entreprise.

Monsieur, quand vous avez démarré votre relation avec elle, vous veniez tout juste de vous séparer. Sur la paille financièrement, vous avez été bien content de vous installer dans son grand appartement, situé dans un chouette quartier de votre ville. Elle a fait de la place pour que vous puissiez recevoir vos enfants un week-end sur deux, et vous vous êtes retrouvé en charge d'une famille recomposée. Sauf que vous vous seriez bien passé de partager le quotidien avec sa progéniture.

Les trois premières années vous ont permis de retrouver vos marques, de recevoir vos chères têtes blondes ailleurs que dans un campement de fortune, et de remonter une petite affaire. Manque de chance, toujours en rage contre les agissements infects de votre ex depuis votre séparation, vous n'avez plus la « niaque » au boulot. Cet échec professionnel relatif vous condamne à rester chez votre nouvelle compagne, malgré quelques contrats juteux – mais insuffisants pour retrouver votre niveau de vie passé. Or, si vous l'aimez bien, vous ne l'aimez pas. Vous lui faites l'amour (elle est folle de vous), mais vous la trompez de façon éhontée. Elle prétend ne rien voir et, surtout, cette fine mouche ne vous culpabilise pas. Vous voici donc coincé, dans la mesure où elle ne vous met pas dehors, ce qui vous donnerait peut-être la pêche pour repartir sur de bonnes bases et développer votre projet.

Alors, vous vous laissez vivre. Vos « fiancées » vous harcèlent, votre favorite vous englue dans la toile d'araignée de multiples vacances, week-ends romantiques et dîners entre amis qu'elle organise en continu. Vous êtes comme un coq en pâte ; pour autant, vous vous sentez l'ombre de vous-même.

Que vous ayez des maîtresses ou que vous soyez soumis aux règles de votre nouvelle partenaire, ne vous regardez-vous pas quelquefois dans la glace sans vous reconnaître ? Où est passé le révolté d'antan ? Le manque d'autonomie a un prix. Il serait intéressant par ailleurs de vous interroger sur votre incapacité à générer vos propres ressources.

Chapitre 3

En définitive, où avez-vous mal ?

Et si votre mal-être prenait sa source ailleurs que là où vous le croyez ?

Dans les saynètes précédentes, certaines problématiques ont-elles fait écho à celles que vous avez vécues ? Par rapport à ce que vous aviez noté au départ sur votre feuille, de nouvelles situations vous concerneraient-elles ? Le cas échéant, complétez votre liste.

À force de décortiquer vos états d'âme et d'analyser vos inquiétudes, j'ai remarqué à quel point ce que vous décrivez dans le cadre des consultations correspond seulement à la partie visible de l'iceberg. Vous focalisez souvent sur un aspect, sans voir l'essentiel ; vous vous racontez une histoire pour donner du sens à ce qui vous arrive. C'est pourquoi il était important, dans ce livre, d'investiguer d'abord les sphères classiquement concernées : amour, famille, travail… Maintenant, vous voilà prêt à regarder un peu plus profondément en vous-même.

Si vous prenez le temps d'explorer la partie immergée de l'iceberg, vous pourrez découvrir que, derrière vos certitudes, bien d'autres situations, plus dérangeantes encore, polluent votre quotidien ; elles vous plombent sans même que vous vous en aperceviez. Ainsi, *porter un poids invisible* est devenu une habitude que vous avez intégrée.

Un autodiagnostic de votre mal-être

Posez-vous et prenez le temps de la réflexion :

1. Dans la première ligne du tableau ci-dessous, listez les trois « galères » qui vous minent le plus, quel que soit le domaine concerné, par ordre d'importance croissante, par exemple : Mon job (A)/Mes amours (B)/Ma mère (C).
2. Dans la ligne « Les faits », indiquez ce qui vous tracasse, en restant centré sur ce qui se passe. Exemple : Mon patron m'en demande trop (A)/Mon partenaire ne me fait plus l'amour (B)/Ma mère est envahissante (C).
3. Dans la ligne « Que se passe-t-il ? » indiquez comment ces faits se répercutent sur votre vie, concrètement. Exemple : Je travaille plus de neuf heures par jour, sans compter les dossiers que je traite le week-end (A)/Il traîne sur son ordinateur jusqu'à ce que je m'endorme (B)/Ma mère m'appelle toutes les trois heures, en plus des e-mails et des textos (C).
4. Dans la ligne « Comment je me sens ? » indiquez vos réactions face à ces faits. Exemple : Je suis fatigué et en colère (A)/Je suis frustré et en colère (B)/Je suis excédé et j'ai envie de la tuer (C).

	A	B	C
Mes galères			
Les faits			
Que se passe-t-il ?			
Comment je me sens ?			

À partir de ce que vous aviez noté sur votre feuille, des exemples que vous aviez soulignés dans les chapitres précédents et du tableau que vous venez de remplir, vous pouvez aller un peu plus loin…

Quelle est votre posture dans les situations qui vous contrarient ?

Quels que soient les ennuis avec lesquels vous composez, vos réactions se caractérisent par deux positionnements principaux : la soumission ou la rébellion. Les individus que je suis amenée à rencontrer appartiennent en majorité à la catégorie des soumis, autrement nommés « bons garçons » et « gentilles filles ». Un constat somme toute prévisible dans la mesure où les autres, dotés d'un aplomb à toute épreuve, considèrent qu'ils vont bien et n'ont besoin d'aucun soutien. Pour cette même raison, de nombreux hommes se résignent à demander de l'aide uniquement parce qu'ils sont encore célibataires à 30 ans révolus, ou parce que leur compagne vient de les quitter. Ils se remettent enfin en question (elle le demandait depuis des années), mais c'est souvent trop tard…

Qu'en est-il en ce qui vous concerne ? Vous comportez-vous plutôt en soumis ou en rebelle ?

Je m'efface

Si vous avez une posture de soumis, vous ne vous autorisez pas à occuper votre place. Comme vous ne savez pas dire « Non », vous restez dans la retenue et n'exigez rien. Vous faites profil bas et, dans cette logique, vous n'êtes ni regardé, ni reconnu : si personne ne vous sollicite, les trésors qui vous habitent resteront cachés.

Plutôt que de satisfaire vos propres besoins, vous vous immolez sur l'autel du désir des autres. Ces derniers transfèrent sur vous quelque chose qui ne vous appartient pas : soit vous devenez le support de leur colère, soit ils vous confondent, le temps d'une pulsion, avec un membre de leur famille dont ils vous prêtent les défauts. Vous devenez alors la cible de leurs projections. En outre, vous subissez les jugements et les humiliations sans piper mot.

Je rase les murs

Vous restez tranquille, vous ne voulez pas faire d'ombre à votre entourage et, surtout, vous ne révélez pas vos talents. D'ailleurs, vous doutez même d'en posséder : vous vous jugez laborieux, pas vraiment méritant.

Personne ne vous invite à vous exprimer ? Pas de problème, vous restez, comme à l'habitude, silencieux dans votre coin. Vous ne parlez que si vous vous sentez en confiance ou si vous êtes certain que ce que vous avez à dire intéressera vos interlocuteurs. Quelqu'un vous coupe la parole dans une réunion ? Vous laissez faire et ne délivrez pas votre message.

Vous acceptez aussi certains commentaires désobligeants à votre égard, du type : « Ah, mais toi tu es comme ceci, donc tu dois faire cela. » Même si vous ne vous identifiez pas à cette étiquette, vous n'avez ni l'énergie, ni le courage et encore moins la force de démentir votre interlocuteur.

Paradoxalement, vous souhaitez passer inaperçu tout en étant d'une exigence intraitable à votre propre égard : ce que vous produisez doit être parfait, depuis votre apparence jusqu'à l'entretien de votre intérieur, en passant par la qualité de votre travail.

Au fond, vous afficher au vu et au su de tous vous projetterait au premier plan et susciterait sans doute des jalousies. À qui feriez-vous de l'ombre si vous brilliez de tous vos feux ? À y bien réfléchir, la place que vous n'occupez pas reste vacante, mais qui, autour de vous, bénéficie de cette situation ?

Je ne sais pas me positionner

Vous ne savez pas répondre quand votre chef, votre mère, votre partenaire vous sollicitent constamment, vous traitent par le mépris, vous ignorent, bref vous en demandent plus que de raison. Ou alors, vous ne tenez pas votre position, et vous flanchez quand l'un d'entre eux insiste.

Vous avez probablement développé votre équilibre en étant « au service de ». Plus exactement, vous confondez « être au service de » et « rendre service ».Vos comportements qui, pour d'autres, s'apparentent à de la soumission, vous semblent normaux : par conséquent, ils font partie de vos conditionnements et de votre quotidien.

En clair, vous avez un sérieux problème si vous occupez les fonctions suivantes auprès de votre entourage (famille, amis, ex) : agent immobilier, aide ménagère (courses, cuisine, ménage, pressing), taxi, infirmière, banquier, gentil organisateur, « bricole-tout ».

Après avoir disséqué celles de vos postures qui relèvent davantage de la soumission, observez ce qui se joue dans le cadre de la colère, de la rébellion et de la transgression.

Je ne lâche rien

Si vous êtes rebelle, c'est que vous préférez être rejeté qu'ignoré. Pour vous protéger, selon votre personnalité, soit vous êtes en guerre ouverte avec tout ce qui vous entoure, soit vous posez vos « bombes » en douce, et quand elles explosent, vous vous réjouissez…

Vous êtes pour tout ce qui est contre et contre tout ce qui est pour. Vous râlez en permanence : par principe, rien ne vous convient. Dès que vous arrivez quelque part, vous vous débrouillez pour créer un incident, déclencher un scandale ou vous plaindre auprès du responsable du lieu. Au début, la situation vous ravit : un parterre de soumis tremblent devant vous ; ils se donnent du mal pour vous calmer, au nom de la charte « Qualité et Excellence ». Vous adorez appuyer sur le bouton « On » et ressasser indéfiniment votre vieux disque. Puis, une fois l'abus reconnu, les excuses faites, vous consentez à descendre de vos grands chevaux, mais vous en ressortez vidé. Ces comportements, qui pour d'autres peuvent être assimilés à de la violence, vous semblent ordinaires : ils appartiennent à votre vie quotidienne et à vos conditionnements.

Cependant, ce coût en temps et en énergie commence à ne plus se justifier. Vous avez adoré être craint, mais désormais, cela ne vous convient plus. Et d'ailleurs, vous l'avez remarqué, depuis quelque temps, on vous invite moins, tant dans votre famille qu'en société. Redouteraient-ils vos humeurs versatiles ?

Généralement, la rébellion consiste aussi à ne pas faire comme tout le monde, quitte à y passer plus de temps. Ressembler au commun des mortels ne constitue-t-il pas pour vous l'ultime humiliation ?

Dans le cadre de la rébellion « classique », la rage prend parfois une forme différente : celle de la lutte et de l'engagement. Vous, modéré ? On rêve ! Que vous soyez syndiqué, actif politiquement, que vous défendiez les jeunes catholiques perdus dans ce monde lubrique, les motards en colère, ou que vous œuvriez pour la réhabilitation des requins, ce qui compte pour vous réside dans l'implication, la passion, la joute et l'investissement pour une cause, quelle qu'elle soit : vous la défendrez jusqu'à votre dernier souffle !

Pendant des années, vous vous êtes nourri de batailles gagnées, de signatures obtenues, de déplacements pour porter la bonne parole, et vous étiez heureux de constater que des élus locaux pouvaient soutenir votre projet. Bizarrement, depuis quelque temps, vous manquez d'entrain. Vous ne vous réveillez plus avec la même fringance. À cet égard, votre santé décline, vos amours vous déçoivent ou sont inexistantes… Quant à votre boulot, vous préférez ne pas y penser, tant vous n'êtes plus présent à ce que vous faites. Vous vous en rendez compte, toute cette dépense d'énergie vous a fait passer à côté de l'essentiel : vous !

Attention, cela n'implique pas que tous les individus très engagés soient des rebelles. Toutefois, lorsque les causes qu'ils défendent occupent la première place, ils font souvent couple avec elles, quitte à sacrifier leur vie privée.

La transgression me stimule

Une autre façon de se rebeller consiste à s'exprimer à travers des actes plus offensifs. Vous sortez de chez vous et vous vous compromettez. Les addictions, particulièrement la consommation de drogue, le jeu, une sexualité « déviée », le vol, les combats de rue, le *deal*, la prostitution, les braquages... Irez-vous jusqu'à la prison, au sein de laquelle les mêmes scénarios se rejouent en lieu clos ?

D'une manière générale, les transgressions vous apportent de l'excitation, de l'intensité ; elles pimentent votre vie... Grâce à elles, vous vibrez. Mais en même temps, il arrive un moment où ce que vous vivez vous épuise et ne correspond plus à ce dont vous avez envie.

Pour autant, vous ne parvenez pas à renoncer à ce mode de vie, vous ignorez comment vous en sortir, car ne nous leurrons pas, c'est bien connu : sécurité et excitation ne font pas bon ménage. Tout l'enjeu, pour vous, consistera à vous sentir vivant dans un contexte plus « normé ». Alors qu'est-ce qui vous freine encore et vous empêche d'accéder à une vie plus libre, plus fluide, plus sereine ?

L'autosabotage

Peut-être pensez-vous que vos soucis proviennent d'un manque de chance ? Voire d'un karma lié à des actions répréhensibles commises dans une vie antérieure ? Ou encore, vous croyez que des dieux facétieux jouent aux dés les événements de votre destin, et pouffent de joie à l'idée de la bonne blague qu'ils sont en train de vous faire ? À moins qu'ils ne vous transmettent un message personnel, du style : « La vie vous renvoie ce que vous devez travailler, jusqu'à ce que vous compreniez ce que vous avez à dépasser. »

Ces fausses croyances préparent le lit du masochisme et vous condamnent à accepter l'inacceptable. Dans l'attente d'une hypothétique rédemption, vous accumulez des séries de « tuiles » sans en comprendre l'origine ; vous supportez avec fatalisme toute sorte de contrariétés. Vous finissez par vous y habituer, comme si vous remboursiez une dette ou expiiez un péché sur l'autel de ces dieux joueurs et intransigeants.

En fait, vous êtes souvent responsable des ennuis qui vous affligent. Vous attirez vous-même la plupart d'entre eux par le biais de deux mécanismes : « Ce que je redoute m'arrive » et « Quand ça va trop bien, je me sabote ».

Ce que je redoute m'arrive

Plus vous redoutez un événement, plus vous y pensez, plus vous créez les conditions pour qu'il advienne. Par exemple, si quelqu'un vous disait : « Ne pense surtout pas à un éléphant bleu », vous visualiseriez immédiatement Dumbo, l'éléphant volant, en train de se dandiner. À force d'appréhender la prochaine infortune, elle risque de devancer votre appel. Votre complaisance mortifère l'emporte, et de loin, sur votre foi en un avenir plus clément à votre égard.

Quand ça va trop bien, je me sabote

Vous ne pouvez rester en paix très longtemps sans qu'un nouveau problème surgisse. Le bel élan qui vous animait jusqu'alors disparaît en une fraction de seconde. Tout se passe comme si trop de quiétude et de bonheur vous angoissait, comme si vous choisissiez inconsciemment, pour différentes raisons que nous explorerons, de serrer le frein à main. Comme si « y aller », voire « y arriver avec brio » était dangereux, interdit, ou encore risquait de déranger.

J'attire certains comportements ou je les génère

Les personnes qui vous posent en général problème (famille, collègues, professeurs, médecins, femme de ménage, voisins, etc.), ou avec lesquelles vous entretenez des conflits ouverts (par excès) ou larvés (par défaut), ne manquent pas. Selon votre personnalité, les individus les plus directs comme les plus sournois attisent votre rébellion, et vous voilà en guerre ; ou bien, ils réveillent votre soumission et vous rasez les murs.

Soit vous recherchez des tiers pour vous maltraiter, soit vous les attirez et ils arrivent comme des mouches : patrons insatiables, garagistes ou plombiers véreux, copropriétaires pathologiques et procéduriers, etc. Et quand il s'agit de vos partenaires, ils s'approprient votre argent, vous imposent leur violence verbale ou physique, vous trahissent. Vous exercez souvent, sans rien attendre en retour, la fonction de *sex friend*, peintre, cuisinier, taxi, etc. Votre entourage se sert au buffet de votre bonne volonté : amis, partenaires, collègues, famille... Tous profitent de cette faille en vous.

Vous pouvez aussi projeter vos inquiétudes sur tout un chacun, de façon irrationnelle, tant et si bien que les intéressés finissent par s'identifier à celles-ci. Dans tous les cas, vous supportez vos proches, aux deux sens du terme : d'une part, vous prenez en charge leurs états d'âmes et leurs souffrances, vous les écoutez et les conseillez. D'autre part, vous vous justifiez ou vous défendez face à ces figures implacables – du moins est-ce ainsi que vous les voyez – qui absorbent votre énergie.

Le sabotage, c'est quoi exactement ?

Dans la même veine que précédemment, vous ratez des rendez-vous parce que vous avez fait trois fois le tour de la ville, faute de plan. Ou alors, vous ne préparez pas votre circuit en Inde et vous perdez un temps fou dans les bus, parce que les trains sont pleins à la haute saison. Arriver à l'heure et réussir un entretien ? Jamais ! Organiser ce voyage pour en jouir, quelle idée ! Déjà, vous en bénéficiez, vous n'allez pas en plus le savourer ! En réalité, à travers ces actes manqués, vous ne vous autorisez pas à profiter totalement de toutes les possibilités que la vie pourrait vous offrir.

Quelquefois, vous vous épuisez à gérer une addiction. Elle freine vos envolées et vous incite, tel Sisyphe avec son rocher, à monter, à dégringoler puis à remonter de nouveau. Peu importe la forme qu'elle prend : puzzle, collections bizarres, séries télé, formule « classique » (alcool, joints, shopping, sucre). La dépression chronique fait partie de ces situations épuisantes puisque, selon vos humeurs, vous allez à peu près bien, puis vous traversez des phases « zombie » pendant lesquelles vous vous terrez *sine die* sous la couette, avant de ressusciter jusqu'à la prochaine « crise ».

D'une manière générale, tous les rituels élaborés au fil des années correspondent à autant de « micro-addictions » qui vous permettent de « tenir » face aux difficultés traversées, aux humeurs sombres et aux frustrations qu'elles suscitent.

Chaque soir, Anaïs rentre de son travail vers 18 heures. Elle se prépare un apéritif agrémenté de quelques cacahuètes. Parfois, après le dîner, elle sort boire un autre verre avec des amis, voire deux.

Lorsqu'elle reste chez elle, elle s'octroie un second *drink* ou un digestif. Certes, il ne s'agit pas d'alcoolisme, mais d'une mauvaise habitude qui n'est pas sans conséquences sur son état de santé, même si les doses restent relativement minimes.

Quant à Ghislaine, elle ne peut s'endormir sans somnifères et, naturellement, se réveille avec des pilules. Parallèlement, elle passe ses soirées devant la télé, à se gaver de sachets de protéines ou de graines de citrouille. Inutile de préciser que, bien au-delà de ses trente kilos surnuméraires, elle se remplit pour ne pas affronter la tristesse de son quotidien.

Ces deux femmes vivent seules. Elles s'organisent donc pour « combler leur solitude ».

Pour Bertrand, l'obsession de la propreté le conduit à passer les trois quarts de son week-end à nettoyer son appartement, à lancer des machines puis à repasser ce qui a séché, jusqu'aux housses de couette et taies d'oreiller. Il considère qu'une femme de ménage lui coûterait cher ; de toute façon, elle ne serait pas aussi compétente que lui. Le reste de la semaine, il ne quitte pas son bureau avant 23 heures.

Fabien, pour sa part, s'intéresse aux voitures de collection. Son garage est rempli de pièces détachées dont il ne fera jamais rien, mais qu'il se refuse à vendre. Son épouse ne le voit pas souvent et lui fait des scènes dès que l'opportunité s'en présente.

D'autres, tous sexes confondus, occupent leurs soirées et leur temps libre par de multiples activités culturelles, professionnelles, universitaires, associatives, sportives… Ces rituels leur évitent de réfléchir.

Se perdre dans le mouvement ou dans des substances externes, contre toute attente comme Bertrand et Ghislaine, correspond aux deux faces d'une même médaille.

Il existe autant de rituels que d'individus. Les vôtres vous ont probablement aidé, à un moment donné. Vous croyez qu'ils vous aident encore, mais ils ne sont plus qu'une habitude. Ils deviennent gênants lorsqu'ils aspirent votre énergie, vous plongent dans un état second et absorbent votre temps. Pour savoir où vous en êtes personnellement, faites la liste de toutes les activités que vous pratiquez régulièrement et observez leur impact sur votre quotidien, en termes de temps passé et d'investissement par rapport au résultat obtenu.

Les rituels correspondent à des sabotages. En effet, ces comportements par excès (j'en fais trop) ou par défaut (je ne m'autorise pas à faire autre chose) vous détournent de l'essentiel : consentir à vous faire du bien. Nous verrons d'où ils proviennent et comment en sortir.

À cause de l'autosabotage, vous baignez dans un état de mal-être constant, que vous connaissez bien. Vous préférez, et de loin, être maintenu dans cette zone déplaisante mais qui, paradoxalement, vous réconforte, plutôt que de prendre le risque d'expérimenter l'inconnu. Inconsciemment, vous ne vous autorisez pas à être heureux.

DEUXIÈME PARTIE

Je comprends pourquoi je souffre

Chapitre 4

J'ai mal à mon enfance...

Ma « zone de confort » dans la souffrance

Vous l'avez maintenant intégré, vos galères résultent de votre auto-sabotage ; celui-ci repose sur une posture de soumission ou de rébellion, selon les circonstances et votre personnalité : quelle qu'elle soit, vous vous desservez et vous en souffrez.

Par le passé, vos tentatives de changement se sont révélées pour la plupart infructueuses : vous avez manqué d'autorité sur vous-même et, inconsciemment, vous avez préféré naviguer dans votre « zone de confort ». Malgré leur désagrément, vous répétez des comportements que vous aviez adoptés étant enfant. Cette attitude était sans doute la meilleure à votre portée pour exister auprès des personnes qui prenaient soin de vous. Vous vous êtes donc construit sur ce modèle et, comme il vous semblait naturel, vous n'en avez pas changé. Ce choix d'enfant résulte à la fois de vos traits de caractère innés et de votre interaction avec votre environnement dont, en premier lieu, le système familial. La structure affective qui vous a entouré bébé a sculpté votre cerveau et vous a appris à voir le monde sous un certain angle.

Pour comprendre vos comportements d'adulte, vous êtes invité à revisiter vos premières années : quelle place avez-vous occupée dans la fratrie, quel rôle vous a-t-on attribué ? Quel poids vos parents vous ont-ils demandé de porter ? Quel système de pensée vous ont-ils transmis ? Quels mécanismes de défense avez-vous mis en place pour vous protéger ?

Quelle était ma place d'enfant ?

Dans votre prime enfance, vous considériez vos parents comme des dieux. Garants de votre survie, ils étaient tout pour vous. Si vous aviez pu arborer un slogan sur votre bavoir, vous auriez inscrit : « Je veux rendre maman et papa heureux, et je ferai tout pour. » Par conséquent, s'ils n'étaient pas heureux, vous vous en êtes senti responsable. Et c'est là, sans doute, que vous avez commencé à creuser votre « dette » à leur égard.

Soumis ou rebelle ?

Chaque enfant s'attribue ou se voit attribuer une place par le clan familial. La posture du soumis semble la plus fréquente, sinon la vie en société serait impossible. Bien qu'il existe différents niveaux de docilité, les soumis se rencontrent autour d'une même problématique : s'ils n'étaient pas « venus » si tôt, s'ils avaient été différents, s'ils avaient accompli leur mission « bonheur », alors leurs parents auraient, nul doute, souri aux anges. Dès lors, pour tenter peut-être de soulager ces derniers, soit ils n'ont pas voulu se faire remarquer, soit ils se sont construits de façon à épargner toute peine supplémentaire à ces êtres « indispensables », qui avaient déjà de lourdes responsabilités ou de gros soucis. Dans tous les cas, ils les ont symboliquement « portés », dans l'objectif inconscient de capter leur reconnaissance. Les enfants modèles, les premiers de la classe, les aînés en charge des plus jeunes, se retrouvent souvent dans cette catégorie.

Le rebelle est né révolté ou « marche droit » en ravalant son insatisfaction, jusqu'à l'adolescence ; là, il explose de rage à travers des comportements à risque, tant il ne supporte plus l'injustice ressentie (selon son point de vue). S'il grogne, aboie et marque son territoire, il n'est pas pour autant plus heureux que le soumis. Sa colère s'exprime souvent par la distance ou la bougonnerie ; ainsi, il existe, se fait remarquer, bref, occupe l'espace. Il crache aussi sa fureur comme s'il en voulait à ses géniteurs de l'avoir fait naître dans de telles conditions, ou de ne pas s'être davantage réjouis de son arrivée ; cette fois il semble dire : « Puisque vous n'avez pas voulu de moi, vous allez le payer ! » ou encore « J'existerai envers et contre vous tous ».

Il préfère se torturer plutôt que de se repentir ou de montrer sa vulnérabilité, de peur de donner aux autres le pouvoir de lui faire à nouveau du mal. Car c'est bien là que se situe le problème. Sans doute, à un moment donné, le rebelle a-t-il dû affronter et traverser une situation violente, qui l'a amené à réagir sur le même mode ou à porter du jour au lendemain une colère qui ne lui appartenait pas.

Le vrai rebelle frappe fort. Jeune, il faut régulièrement aller le chercher au commissariat. Les convocations par les CPE sont fréquentes, au même titre que les amendes dans les transports en commun ou les insultes sur la voie publique. Généralement, il existe un rebelle par famille. Parfois, selon l'intensité de sa révolte, il terrifie non seulement sa fratrie mais aussi ses parents, qui ne savent plus comment le canaliser. Il ne ressemble pas à son cousin, le faux rebelle.

Le faux rebelle

Il s'énerve et vitupère, exprime sa colère. La plupart du temps, il connaît des conflits avec son parent du même sexe et possède une liste de revendications impressionnante : « Je ne pardonnerai jamais à ma sœur de… », « Ils me doivent… », sans oublier : « Le prochain Noël ne se passera pas comme le précédent. »

Malgré tout, l'insubordination de l'âge ingrat fut plutôt calme. Ses parents n'ont jamais su que leur rejeton avait fumé de l'herbe, couché avec la mère de son copain ou volé dans les magasins. Ces actes de rébellion, s'ils n'apparaissent pas au grand jour, relèvent de petites transgressions « bourgeoises » ; elles donnent l'illusion de la mutinerie, en ont le goût et la saveur, mais elles demeurent gentillettes au regard des actes commis par les vrais rebelles. Dans les faits, notre faux rebelle maugrée, mais il file doux. D'ailleurs, il tutoie lui aussi maltraitance et abus dans un ou plusieurs domaines de sa vie.

Clowns, enfants malades et gamins « secrets »

Si les places de « parfait » et de « premier de la classe » sont déjà occupées, certains enfants choisissent celles de l'artiste ou du clown des repas de famille. Là, en amusant la galerie, ils suscitent un intérêt dont ils se sentent fiers. Ils ont fréquemment développé des talents de chanteur, de comédien, d'imitateur ou de dessinateur…

Quelle que soit la nature de leurs dons, ils trouvent leur compte auprès d'un auditoire admiratif, amusé, hilare ou encore critique : tout est bon pour recevoir les marques d'attention distillées lors de trop rares rassemblements familiaux ou d'invitations entre adultes.

Dans le même but, une autre stratégie, adoptée par certains enfants, consiste à se rendre malade. Ainsi, leur mère les garde à la maison à la suite de crises de foie, de stress, de maux de tête. Peut-être l'hôpital a-t-il été leur seconde maison : asthme, migraines, eczéma, problèmes de digestion, peu importe, pourvu que l'on s'occupât d'eux.

Il existe encore une place, celle du gamin « secret ». Il semble invisible ; toutefois, il mène sa vie discrètement et quitte le foyer le plus vite possible pour réussir brillamment ou, à l'inverse, se détruire rapidement ou à petit feu, tout aussi discrètement.

Les « vilains petits canards »

Nul besoin d'avoir lu *Sans famille*, *Les Misérables*, *Vipère au poing* ou *Poil de carotte*, œuvres mythiques qui personnifient la maltraitance, pour connaître le sort des « vilains petits canards ». Dans tous les cas, ils ont été forcés par une main de fer, avec ou sans gant de velours, à faire office de bonne à tout faire, baby-sitter, aide-soignant ou surveillant d'un parent atteint d'une addiction (alcoolisme, compulsions, nymphomanie) ou d'une maladie susceptible d'altérer la personnalité (bipolarité, autisme, retard mental, maladie d'Alzheimer, dépression). Certes, ces enfants ne subissaient ni commentaires négatifs, ni insultes, ni comparaisons dévalorisantes, mais les ordres cinglaient. Et ils obéissaient sans recevoir le moindre remerciement, tant ils trouvaient normal d'exercer leurs fonctions.

Quelquefois, ils ont subi de surcroît une violence verbale ou physique proche de la torture. Leurs « Thénardier », plus ou moins alcoolisés, de petite facture ou de grande envergure, ont déversé sur eux un trop plein d'amertume, de regrets, de blessures. Les coups faisaient partie du quotidien. Nombre de jeunes adultes avouent encore, en 2015, avoir pâti des claques de leur mère, du martinet ou du fil de fer de leur père, voire de la canne de leur grand-mère. Et il faut bien l'admettre, même aujourd'hui, dans une société de « l'enfant roi », certains ne considèrent toujours pas leur progéniture comme une personne…

Les enfants rejetés, non désirés, appartiennent par définition à ce groupe. « Qu'est-ce que tu fais encore là ? » ont-ils constamment entendu dire. Naturellement, ils n'avaient pas de place, ils dérangeaient toujours et rien n'allait jamais, quoi qu'ils aient pu entreprendre ou réussir. Quant à ceux que l'on laissait de côté, ils ont plus apprivoisé l'indifférence que les précédents, au point de s'anesthésier. « Même pas mal » est devenue leur devise. Ils naviguent entre les écueils de la galère la tête haute, tant ils ont été habitués à encaisser. Pour exister, ils se sont, comme les autres, soumis ou rebellés.

Les enfants abandonnés

Cette catégorie regroupe les enfants abandonnés au sens propre et ceux qui l'ont été indirectement. Pour les enfants réellement abandonnés, là encore, il s'agit d'une loterie : les parents adoptifs ne sont pas exempts de névroses et font ce qu'ils peuvent avec leur propre histoire, comme tout un chacun. Pour autant, ces enfants composent sans doute avec leurs parents biologiques. Ils se demandent souvent pourquoi la première famille n'a pas pu ou voulu prendre soin d'eux même s'ils ont été choyés par leur seconde famille. Dans tous les cas, ils doivent transiger avec les attentes et doléances de ceux qui les ont accueillis.

Par ailleurs, beaucoup de mères n'ont pu se résoudre à l'accouchement sous X. Elles ont espéré aller mieux, trouver une solution à leurs problèmes. Elles ont donc « placé » la chair de leur chair, par le biais de l'Assistance publique, dans des familles d'accueil. Jusque dans les années 1980, les personnes qui gardaient ces enfants manquaient parfois de formation, et se délestaient sur ces bambins de toutes sortes de projections. Les petits voyaient leurs parents plus ou moins régulièrement et, certains passeront leur vie à les attendre. Inutile de dire qu'un tel parcours laisse des traces et des blessures à fleur de cœur.

Les autres enfants, « indirectement abandonnés », sont arrivés trop tôt dans la vie de leurs géniteurs. Âgés de quelques jours ou quelques mois, ils ont été confiés aux bons soins d'une grand-mère, d'une tante ou d'une nourrice. À cette époque, les parents « montaient » à la ville ou à la capitale pour travailler, et les gamins étaient élevés en province. Quelques années plus tard, une fois qu'ils s'étaient bien attachés à leurs substituts parentaux, ils étaient récupérés par leurs géniteurs, pour pousser leur instruction au-delà du certificat d'études, mais le plus souvent pour prendre en charge des frères et sœurs plus petits, travailler à l'usine ou faire des petits boulots de « Gavroche ». Cette nouvelle séparation a créé un second trauma. Mais ne l'oublions pas, jusqu'aux années 1970 – et parfois bien après dans certaines familles – les règles de l'éducation imposaient aux gosses d'obtempérer et de contribuer aux ressources de la famille.

Votre rang dans la fratrie

Les fratries nombreuses se subdivisent entre « grands » et « petits » avec, encore une fois, des rôles bien définis : l'aîné, celui du milieu, le petit dernier (« accident » ou « chouchou »), etc. Ceux-ci peuvent être soumis ou rebelles. Dans tous les cas, les derniers-nés bénéficient de plus de liberté que leurs aînés et, parfois, de leur soutien. En outre, les parents sont souvent plus à l'aise financièrement au moment où naissent les petits : clairement, ceux-ci ne reçoivent pas la même éducation.

Quelle que soit sa place dans la fratrie, chacun – hormis peut-être le « discret », qui attend son heure en silence et se mobilise pour exister ailleurs – se bat avec ses propres armes pour capter l'attention des parents. Et les enfants ne reculent devant rien pour exister, par excès (les rebelles) ou par défaut (les soumis).

Face à leurs demandes, les parents, dépassés, mettent de l'ordre comme ils le peuvent, souvent à la hache, sans vraiment chercher à comprendre ce qui se passe. Ils ont eux-mêmes d'autres préoccupations, avec leur frère qui fait la loi, leur grand-mère atteinte de la maladie de Parkinson et leur patron caractériel. Alors, soit ils punissent par principe tous leurs rejetons, soit ils se focalisent sur les « moutons noirs ». Ces derniers, des années plus tard, ne l'ont toujours pas digéré et se souviennent de ces corrections, comme si elles avaient été administrées hier.

Et vous, quel gamin étiez-vous ?

Posez-vous, réfléchissez... Rassemblez les albums photos, bulletins scolaires et dessins de maternelle que vous avez conservés. Prenez le temps de replonger dans votre enfance et votre adolescence, sans vous raconter d'histoire. Rappelez-vous d'une éventuelle maltraitance. Ces « travaux pratiques » essentiels et incontournables vous permettent de repérer le fil conducteur qui mène à la source profonde de vos déboires actuels. Quoi que vous ayez traversé, de l'anecdote au drame, ce qui compte, c'est la façon dont vous l'avez vécu. Aucun trauma n'est méprisable et l'intensité ressentie d'un même événement, selon le moment et le contexte, peut varier considérablement d'une personne à l'autre. Comme il n'existe pas de petit trauma, ce n'est pas tant la gravité de l'événement produit ou transmis (dans l'utérus ou par la suite) qui donne la mesure du choc, mais la façon dont cette situation a été perçue.

Pour ne pas relativiser et encore moins dévaloriser les abus que vous avez subis, partez de ce postulat : vous n'étiez qu'un enfant, vos parents auraient dû prendre soin de vous ! Peut-être avez-vous encore du mal à l'admettre ?

Une fois reconnecté au passé, répondez aux questions suivantes :

1. Étiez-vous un enfant attendu ? Avez-vous été bien accueilli ou, au contraire, rejeté ?
2. Êtes-vous né à un moment particulier (décès d'un membre de la famille ou de la fratrie, événements historiques ou politiques qui occupaient vos parents, migration) ?
3. Quelle était votre place dans la fratrie ?
4. Quels abus avez-vous subis ? Votre sœur avait droit à des crêpes et pas vous, votre père donnait à votre frère deux fois plus d'argent, sous prétexte qu'il ramenait de meilleures notes ? Tout compte !
5. Avez-vous été « sadisé » par un frère ou une sœur tortionnaire ? Avez-vous craint une personne de votre environnement, qui vous menaçait en l'absence de témoin ?
6. N'y en avait-il que pour le favori, cet être de lumière, merveilleux, valorisé ou dont la particularité prenait toute la place ?

7. Quel était votre rôle ? Étiez-vous plutôt sur un modèle de soumission (au service de, sauveur, parent d'un parent, objet, responsable de la fratrie, enfant de substitution, enfant sacrifié ou offert) ou de rébellion (colérique, jaloux, exigeant, frondeur, provocateur, sournois, vicieux, manipulateur, etc.) ?
8. Si vous deviez conter votre parcours, comment le résumeriez-vous par écrit en quelques lignes, à la troisième personne du singulier ?

   ....

   ....

   ....

   ....

   ....

   ....

9. À vous relire, racontez-vous toujours la même histoire, ou avez-vous quelque peu varié par rapport aux étapes précédentes ?

J'ai mal à mon enfance

Nous sommes définitivement marqués et imprégnés par nos premières années. « J'ai mal à mon enfance », disait Jacques Brel. Cet artiste révèle dans son œuvre musicale les moments marquants de son parcours. Ses chansons évoquent le milieu rigide dans lequel il a grandi (la religion, le latin, les curés), le contexte historique (la Seconde Guerre mondiale) et social (*Les Flamingants*), des lieux de vie (*Le Plat Pays*, les tours de Bruges et Gand dans *Marieke*, *Il neige sur Liège*), la difficulté à prendre sa place (*Au suivant*, *Zangra*), les rêves parfois brisés (*Mon enfance*, *L'enfance*), les amours déçues (*La Fanette*, *Les Bonbons*), etc.

Et vous-même, dans quelles conditions avez-vous été éduqué ?

Le contexte dans lequel vous êtes né

Aucune fratrie, aucune famille, aucun environnement socioculturel ne ressemble à un autre. Néanmoins, il existe des scénarios caractéristiques : si les décors et les costumes changent, les mêmes pièces se rejouent partout. Sauf histoire de vie dramatique, vos parents ont forgé leur propre façon de voir le monde et l'éducation des enfants lorsqu'ils étaient adolescents. Ce qui s'est passé à ce moment-là pour eux, là où ils étaient, demeure essentiel pour comprendre la façon dont vous avez été élevé. Et, de même, leur propre éducation dépend de la manière dont vos grands-parents ont perçu les choses dans leur jeunesse.

Or, quel que soit votre âge, vos ancêtres (et peut-être même vos parents, selon votre milieu d'origine) n'ont probablement pas beaucoup rigolé. Ils travaillaient dur, très jeunes ; ils aidaient à la maison, voire à la ferme, obéissaient, recevaient des coups et finissaient leurs assiettes. En Occident, jusqu'à la fin des années 1960 – et encore aujourd'hui dans certaines familles – les parents des amoureux se rencontraient pour décider si les jeunes pouvaient convoler en justes noces. Combien se sont mariés en catimini, dans une totale solitude, parce que leurs choix avaient déplu à papa ou qu'ils avaient transgressé les règles morales (la jeune fille était enceinte) ? Et si encore cet amour passionné, mâtiné de *Roméo et Juliette*, avait tenu ses promesses ! Mais l'esprit ne voit que ce qu'il veut, et la chute s'avère souvent plus dure une fois les vapeurs de l'illusion dissipées… Pour atténuer leurs frustrations, vos parents, ces enfants blessés (ils avaient alors 20 ans, à peine plus, ne l'oubliez pas) ont fait couple avec l'un de leurs rejetons (le « chouchou »), ont compté sur le plus sérieux (le « serviteur ») pour la logistique et l'écoute thérapeutique, et se sont déchargés de leurs insatisfactions sur le ou les « moutons noirs » désignés.

Le parcours de ceux qui ont volé votre enfance a donc été davantage semé d'orties que de pétales de roses. À une époque où le mantra du moment se résumait à « Tais-toi et obéis ! », ils ont dû avaler bien des couleuvres. Malheureusement pour vous, ils les ont gardées en travers du gosier et ils vous ont élu (ou vous vous êtes proposé) pour les digérer à leur place…

Naturellement, vos parents se sont peut-être choisis, aimés, fiancés, épousés, « dans l'ordre », comme dans un conte de fées. Sauf que, si vous lisez ces lignes, c'est qu'une fois la porte de la chambre refermée, la réalité s'est imposée avec son cortège de déceptions.

Quelquefois, l'un des parents avait été engagé précédemment ; la vie, les circonstances, le milieu social, les guerres ont empêché son idylle, et il s'est peut-être alors « rabattu » sur un second choix :

- soit votre mère a épousé le premier homme qui a bien voulu d'elle (et de l'enfant qu'elle portait éventuellement). Il faut ajouter aussi qu'en ce temps-là, se marier après 25 ans (phénomène des « catherinettes ») générait presque de la honte et, à 30 ans passés, les possibilités de s'unir se réduisaient comme peau de chagrin ;
- soit votre père, qui ne parvenait pas à « sortir des jupes » de maman, a saisi l'opportunité d'une alliance pour tenir celle-ci à distance. Ou alors, il pleurait encore son amour d'enfance et s'est « mis en ménage » pour échapper, en désespoir de cause, au statut de vieux garçon.

Le cas échéant, entre étreinte fatale et « second choix », les parents n'attendaient pas forcément leur rejeton en frétillant d'impatience...

Une dette « de naissance »

Si les amants avaient « fauté » le temps d'un égarement, comme les bien-pensants le disaient, la grossesse a permis au couple transgressif de sortir du secret. Parce que le fœtus était bien accroché dans l'utérus de maman, ils ont dû se marier et passer des années ensemble, pas forcément pour le meilleur ! Et si la jeune femme a tenté en vain de le « faire passer », cela signifie que l'enfant *voulait vraiment vivre* !

Vous avez choisi de vous cramponner alors que l'on ne vous désirait pas ? Très bien, mais il va falloir payer et rembourser, telle est l'information que vous avez reçue ! De là, il ne vous reste plus qu'à vous excuser d'exister ou à passer votre vie à aboyer, pour vous imposer envers et contre tout.

À cette configuration déjà complexe se sont rajoutés vos grands-parents, qui avaient leur mot à dire, ainsi que la fratrie de vos parents et la vôtre. Dans un tel environnement, vos parents vous ont probablement élevé « comme ils ont pu », avec ce qu'ils ont reçu en héritage. Françoise Dolto n'avait pas encore révolutionné les modes éducatifs ni fait entendre son message sur les ondes. Pédopsychiatres et thérapeutes n'irriguaient pas non plus les magazines populaires de moult conseils avisés, dans un jargon psychanalytique vulgarisé. Quand bien même vous auriez vu le jour à la fin du siècle dernier, vous n'êtes pas exempt de l'empreinte des vieux schémas familiaux...

Injonctions parentales et mythes familiaux

Faites un « arrêt sur image » et souvenez-vous de ce que vous avez entendu, enfant… Quelles injonctions avaient cours dans votre famille ? Auriez-vous été destinataire des phrases suivantes ?

- « Reste à ta place ! »
- « Ne la ramène pas ! »
- « Tu n'as pas intérêt à (me) désobéir ! »
- « Si moi je suis passé(e) par là, il n'y a aucune raison pour que tu n'y passes pas ! »
- « Regarde-toi, on dirait une catin/un romanichel ! »
- « Si tu ne travailles pas mieux à l'école tu seras éboueur/femme de ménage » (comprenez : « Réussis pour réparer mon échec ou rassure-moi en ne faisant pas mieux que moi. »)
- « Avec ton sale caractère, aucun homme/aucune femme ne voudra de toi ! »
- « Tu ne seras jamais à la hauteur » (comprenez « de mes attentes, de ton frère, de ta sœur, de ton cousin… »)
- « C'est dur de gagner son pain » (comprenez : « Si tu fais beaucoup, tu auras peut-être un peu. »)
- « Si tu partais, j'en mourrais ! »
- « Si tu étais plus gentil, je t'aimerais peut-être davantage… »
- « Moi, j'étais gentil avec ma mère/mon père ! » (comprenez : « Pas comme toi ! »)
- « C'est moi qui décide jusqu'à ta majorité. Je suis chez moi ici, je fais ce que je veux et si tu n'es pas content, c'est pareil ! »

Dans la même veine, quels mythes vous racontait-on au quotidien ou lors des repas de famille ? L'oncle qui a fait fortune en Amérique, l'assassinat d'une aïeule (tuée pour quelques sous) ? Sans oublier l'arrière-grand-mère qui a « fauté » : elle a généré la honte des siens sur plusieurs générations, ce qui a obligé sa descendance à fréquenter l'église et à prier, pour expier ses péchés… Rien qu'avec les trois thèmes évoqués ci-dessus, l'argent, la religion et la lubricité, vous avez de quoi vous occuper pendant un moment !

Est-ce que je viens d'une famille carrément toxique ou juste dysfonctionnelle ?

Tout abus conditionne la personne qui le subit pour le reste de son existence. Il convient toutefois de faire la différence entre les systèmes familiaux où les adultes font « ce qu'ils peuvent », en fonction de leur propre histoire, et ceux dans lesquels un, voire des « moutons noirs » sont désignés pour être « broyés ».

Théoriquement, un foyer toxique vous a préparé à tomber dans les rets d'un pervers à l'âge adulte. De nombreux ouvrages consacrés au sujet ont provoqué des pluies de « pervers », soudain tombés du ciel (rappelez-vous : combien de fois n'avez-vous pas entendu « J'ai été victime d'un pervers narcissique ! »). Sachez aussi que ce type de personnage n'officie qu'avec le consentement de sa victime. Ensuite, la plupart sont pervers lorsque l'occasion s'en présente. Généralement, si vous vous étiez respecté vous-même, le pervers vous aurait respecté aussi, et ne se serait pas comporté de cette façon. Enfin, avec une littérature aussi abondante sur le sujet, les représentants de cette engeance sont devenus aisément repérables :

ils ont été démasqués, entre autres, grâce à Anne-Clotilde Ziégler[1] et à François Pineda[2].

Leurs proies sont souvent soit de grands naïfs, soit des victimes en puissance. Ainsi, dans certains foyers, un despote domestique (grand-père tyrannique, mère castratrice, frère sadique) occupe une place centrale et règne sur l'ensemble de la communauté, par la terreur ou parce qu'il a une personnalité cyclothymique. Baigner dans un tel climat favorise une réelle réceptivité aux comportements abusifs. Cependant, il existe parfois des alliances déconcertantes. Par exemple, la mère ou le « frère la Terreur » officie avec la complicité d'un autre, et vous savez que leur association ne vous laisse aucune chance. Mais soudain, les alliances changent : la mère peut se liguer ponctuellement avec sa fille, pour punir son fils de l'avoir déçue ou trahie. Et la fille, habituellement méprisée, trop heureuse d'obtenir un regain d'intérêt, obéit à sa mère dans la seconde. Malheureusement, sa capacité à oublier très vite la déception et la frustration, qui ne manqueront pas de ressurgir une fois la coalition dissoute, reste d'actualité à l'âge adulte.

Jean

Sa mère a coupé les ponts avec lui depuis dix ans. Un jour, alors qu'il voyage dans la région où elle vit, il sonne à sa porte. « Maman, c'est Jean, je passais dans le coin... Je viens te rendre visite ! » Sa mère, terrée derrière sa porte, lui crie alors : « Qu'est-ce que tu veux encore, tu as besoin d'argent ? »

1. L'auteur de *Pervers narcissiques, bas les masques !* (Solar, 2015). Pour se faire aider, voir aussi le site http://pervers-narcissiques.fr/
2. Voir le site http://www.souffrancesinvisibles.com/

Véronique

Née de père inconnu, « vilain petit canard » de sa mère et de son beau-père, elle a été humiliée et méprisée toute sa vie. À 15 ans, le dimanche, elle travaillait sur les marchés. Un jour, avec sa paie, elle s'est acheté son premier soutien-gorge. Elle se souvient encore de la fureur de sa mère qui, n'ayant pu récupérer la totalité du salaire de sa fille, a découpé aux ciseaux l'objet du délit...

Aujourd'hui, Véronique vit à trois cents kilomètres de la maison de retraite de sa génitrice. Elle n'a pas de voiture. Une fois par mois, elle fait un trajet de huit heures pour aller lui rendre visite, elle prend deux bus puis un train. Quand elle arrive dans la chambre de sa mère avec des fleurs, celle-ci vocifère : « Ne les mets pas près du radiateur, tu vas les faire crever ! » Puis elle augmente le son de la télévision, tandis que Véronique fait des efforts de conversation.

Les cas de Jean et de Véronique n'ont rien d'exceptionnel. Ce qui pousse ces grands enfants à se confronter, une fois de plus, à la violence de leurs parents, c'est l'espoir irrationnel et insensé que, peut-être, les choses pourraient changer...

Chapitre 5

Comment me suis-je construit avec mon héritage ?

La posture que vous avez adoptée, à partir de votre éducation mais aussi des injonctions et autres mythes distillés pendant vos vertes années, guide et détermine vos choix d'adulte : vous agissez et regardez le monde avec vos yeux d'enfant, comme si le passé s'infiltrait dans le présent.

Quel est mon rapport à l'argent ?

Interrogez-vous quant au rapport à l'argent transmis par vos éducateurs. Ces derniers ont pu être pauvres, dépensiers, radins, centrés sur les signes extérieurs de richesse, volés par leurs pairs ou à l'inverse, nantis, généreux, n'étalant pas leur fortune ou entretenus par leurs parents.

Leurs revenus pouvaient être conditionnels (en fonction de la récolte), aléatoires (votre père était abonné à la précarité ou dépendait de la générosité de vos grands-parents). Peut-être les générations précédentes ont-elles vécu dans l'abondance, puis la famille a été ruinée ? Dans tous les cas, votre rapport à la prospérité s'est construit à partir du modèle reçu (faire « comme » ou « contre »). Par exemple, vous fonctionnez comme votre père sur le plan financier, mais votre frère se comporte comme votre mère. Il se peut aussi que l'argent de poche ait été indûment réparti.

En définitive, votre propension à générer des ressources s'articule non seulement autour des modes opératoires d'autrefois, mais aussi autour d'éventuelles injustices liées à des favoritismes, sans parler de votre place dans la fratrie. Prendre conscience de tout cela est indispensable pour avancer vers une meilleure compréhension de vos conditionnements actuels.

« Vrais » et « faux » chouchous

Les « vrais » chouchous sont fusionnels. La « perfusion » installée le plus souvent avec leur mère les maintient en bonne santé. Tant que les vases communicants fonctionnent, ils se déclarent heureux et partagent tout en *hot line*. Une seule question se pose : sont-ils aptes à vivre une vie autonome par ailleurs, ou le parent surinvesti occupe-t-il tout leur espace affectif ? Finalement, ne sont-ils pas l'objet de leur maman ? Certains ignorent pourquoi ils ne parviennent pas à prendre leur place dans différents domaines de leur vie alors que, parallèlement, ils remplissent auprès de leur mère le rôle de confident, soutien psychologique, secrétaire ou médiateur. Ils organisent les fêtes de Noël, les repas de famille et les rencontres au sommet pour prendre les décisions importantes.

De fait, le vrai chouchou ne peut s'autoriser à être heureux tant que son parent tant aimé ne l'est pas. Alors, il se dévoue pour égayer le quotidien de ce dernier : voyages, expositions, cinéma, théâtre… Même si papa (par exemple) est toujours là, les joies que maman partage avec son rejeton n'ont pas d'équivalent ! Toutefois, ce « gentil organisateur » hors pair devra choisir, à un moment donné, entre sa mère et lui-même ! Et, s'il est en couple, il a intérêt à se protéger : des aînés de bonne volonté, mais fort inquisiteurs, ont détruit plus d'une union.

Quant aux « faux » chouchous, bons gars ou bonnes filles, ils se croient chouchous mais ne le sont pas… Comme ils ont toujours été fiables, leurs parents ont pu compter sur eux très tôt pour garder les plus petits, poster une lettre, faire les commissions… Ils confondent le fait d'être sollicités, et disponibles à l'envi, avec celui d'être « élus ». Ils croient occuper la première place ; en réalité, ils soutiennent un système sur lequel tous se reposent, tandis que leur frère tant attendu ou leur sœur surprotégée se pavanent à leur détriment. À la fois soleil et joie de vivre d'un des parents, ces derniers reçoivent un amour et une attention incomparables. Les faux chouchous, quant à eux, doivent se contenter des restes que les vrais chouchous leur ont laissé, et ce sans aucune malignité… En effet, les vrais chouchous ne se posent pas de questions, et se préoccupent rarement des conditions qui favorisent leur bien-être ! Or, quand les faux chouchous cessent d'alimenter et d'idolâtrer leurs parents, le système familial s'écroule : les parents ne bénéficient plus de leurs services et ne peuvent plus consacrer la même énergie aux véritables favoris.

Les faux chouchous devenus « sherpas »

Les « sherpas[1] » cumulent les mandats au profit de leur famille ou de leurs parents (bonne à tout faire, cuisinière, comptable, assistante sociale, livreur à domicile, écoute thérapeutique, aide-soignant, coordinateur des métiers d'aide à la personne, peintre, carreleur, plombier, etc.) Ils se laissent culpabiliser grâce à des injonctions du type : « Après tout ce que j'ai fait pour toi ! », « J'ai supporté ton père/ta mère pour toi ! », « Si je n'avais pas été enceinte, je n'aurais jamais épousé ton père ». Derrière ces paroles, ils entendent : « Tu as une dette envers moi… »

Dociles, soumis, bien braves, gentils, les « faciles à vivre » ont parfois décidé de devenir sherpas sans même qu'on le leur ait demandé. Dans le doute, vérifiez si vous ne seriez pas concerné. Vous êtes un sherpa qui s'ignore si, plus que vos frères et sœurs :

- vous êtes le confident de l'un de vos parents ;
- vous écoutez ses plaintes à propos de l'autre parent ou d'un membre de la famille ;
- vous avez avec lui une relation privilégiée, et il vous dit : « Toi, au moins, tu es différent ! » ;
- vous remplacez un parent absent ou défunt ;
- vous êtes implicitement en charge d'un frère ou d'une sœur handicapé(e) pour soulager vos parents ;
- vous vous sentez coupable d'être heureux, de bien gagner votre vie, de jouir, de voyager alors qu'ils se sont sacrifiés pour vous ;

1. Les sherpas sont les montagnards himalayens servant de guides ou de porteurs lors des expéditions.

- vous préférez endurer leurs excès plutôt que de ne pas exister à leurs yeux ;
- vous vous comportez le mieux possible pour que leurs jugements et verdicts sur vous soient positifs ;
- vous avez peur du rejet et de la solitude si vous sortiez du rang.

Si vous vous reconnaissez dans l'une de ces propositions au moins, alors un « poids » vous a bien été transmis, et vous l'avez accepté... Sinon, vous vous seriez rebellé ! Sachez aussi que, même si leurs charges sont lourdes, elles procurent aux sherpas une grande satisfaction.

En effet :

- ils contrôlent depuis toujours le système familial, puisqu'ils ont été investis de cette fonction qu'ils honorent grâce à leurs talents ;
- ils jouent sur le tard le rôle de « bâton de vieillesse » (délaissé par leur fratrie). À défaut d'avoir pu prétendre à une telle attention dans l'enfance, ils en profitent maintenant. La fratrie en crève de jalousie, alors même qu'aucun ne serait prêt à en payer le prix en heures de présence et de gestion administrative. Un ultime paradoxe qui révèle à quel point l'âge et la maturité n'altèrent en rien les rivalités d'autrefois...

Ces jalousies ontologiques persistantes conduisent les notaires à s'arracher les cheveux ! Dans le secret de leur bureau, ils assistent parfois à de bien curieux drames. Les voilà sommés de faire office de médiateur auprès d'adultes de 60 ans passés, parfois plus, qui se comportent comme des enfants de 5 ans. Ces rivalités ne parlent que d'une chose : occuper la « bonne place », rétrospectivement ou post mortem, dans le cœur des parents. Elles disent aussi à quel point, même si vous ne voulez pas de ce que l'autre obtient, le seul fait qu'il l'obtienne vous active et fait réagir.

Dans le meilleur des cas, les parents des sherpas, conscients de ce que leurs rejetons font pour eux, le leur rendent bien : ils les traitent désormais avec une gratitude qui leur met du baume au cœur. Alors, pourquoi les sherpas se priveraient-ils de ces instants enchantés, eux qui ont tant supplié pour les obtenir ?

À l'inverse, imaginons que les aînés se comportent de la même façon que jadis : ils exigent, vitupèrent et se plaignent ! Mais peu importe, se rendre indispensable nourrit ces enfants avides : la reconnaissance parentale ne devient-elle pas implicite par le biais de tous ces mandats ? Et plus ils en cumulent, plus ils étendent leur pouvoir. Malgré tout, une partie d'entre eux attendra jusqu'au bout les mots de « l'apaisement total », ceux que chacun espère plus que tout de la part de ses parents, avant que ceux-ci ne partent, comme une autorisation à être enfin heureux : « Merci pour tout, tu as été une bonne fille/un bon gars. Je ne te l'ai pas assez dit mais je m'en suis rendu compte ces dernières années, pardonne-moi. Tu as adouci mes vieux jours, je meurs serein grâce à toi, je t'aime et je te souhaite une belle vie. »

En définitive, quelle que soit la nature des obstacles rencontrés hier et aujourd'hui, renoncer aux mots de « l'apaisement total » reste probablement l'une des épreuves les plus difficiles à surmonter au monde. Ceux qui ont accompagné un parent, voire les deux, jusqu'à leur dernier souffle, le savent. À la question « Avez-vous pu vous dire au revoir mutuellement ? », ils répondent la plupart du temps : « Je leur ai parlé, nous nous comprenions à demi-mot, par le regard. Ils étaient sous antidouleurs, ils n'avaient plus vraiment leur tête. Mon père m'a serré la main un peu plus fort. » Question suivante : « Mais votre mère, qui avait tant de caractère, vous a-t-elle transmis un message, a-t-elle marmonné quelque chose ? » Là, ils s'effondrent entre deux sanglots. Derrière l'adulte lucide, l'enfant pleure encore la reconnaissance souhaitée pendant si longtemps. Il se débat entre son envie de délivrance (« lâcher tout », ne plus jamais rien revendiquer) et son incapacité à renoncer à cet ultime espoir : « Peut-être, finalement, mes parents vont-ils se rendre compte de ma valeur ? » Et, si les mots arrivent, il est souvent trop tard. Certes, ils mettent du baume au cœur, mais ils s'adressent à l'adulte d'aujourd'hui et ils ne répareront jamais la solitude de l'enfance.

Dans cette perspective, combien de sherpas n'ont-ils pas sacrifié de longues années pour maintenir leurs parents à la maison tant que c'était possible, puis pour leur rendre visite très souvent, à l'hôpital ou à l'hospice ?

Véronique

Aînée de quatre filles, elle a vite été la favorite de sa mère parce qu'elle avait un caractère souple. Formatée par des bonnes sœurs rigides (ce qui n'a pas été le cas de ses cadettes), elle a été élevée selon les mêmes règles que sa maman, ce qui les rapprochait. Après des études brillantes, elle est devenue directrice financière. Elle a refusé deux postes à l'international pour ne pas quitter sa ville. Naturellement, elle ne s'est jamais mariée, n'a pas eu d'enfants et est restée indéfectiblement au service de sa mère pendant trente ans. À 58 ans, après le décès de celle-ci, elle envisage de construire un couple – un peu comme dans un rêve, tant elle ignore par où commencer.

Quant à celles et ceux qui se sont malgré tout autorisés à fonder une famille, ils transmettent leur sacrifice à la génération suivante. Comment leur progéniture prendra-t-elle sa juste place avec une telle dette à combler ?

Attention, ces commentaires n'insinuent pas qu'il faudrait rejeter les troisième et quatrième âges. Dans certaines cultures, particulièrement celles du Sud, accueillir le parent déclinant relève de la tradition. Celui-ci, en échange, s'occupe du jardin, aide à la cuisine ou garde les enfants. Si vous êtes dans ce cas, dès lors qu'il s'agit d'un choix, que vos parents se comportent avec bienveillance ou que vous n'attendez rien d'eux, et que vous disposez d'espace pour les recevoir sans imposer un lourd tribut à votre propre famille, cela ne pose pas de problème. Et, bien que Véronique regrette amèrement de ne pas s'être mariée et d'avoir refusé un poste à Singapour, elle y a visiblement trouvé son compte.

Les souffre-douleur

À la fois sherpas et vilains petits canards ou « moutons noirs », ils revivent les situations de victime dans lesquelles ils ont baigné autrefois. Parmi eux, les soumis, fidèles à leur posture de base, rendent service et se sacrifient en silence jusqu'au bout. Certains rebelles, quant à eux, sont définitivement fâchés avec leurs parents et ne les ont pas vus depuis plusieurs années. Mais bizarrement, malgré l'absence de ces derniers, ils continuent à être détestés ou rejetés par leur environnement, ils répètent en cela des schémas auxquels ils ont été habitués. Symboliquement, ils restent ainsi en contact avec ceux qui les ont élevés. D'autres ont pris (en apparence) de la distance. Ils participent aux réunions de famille mais râlent en permanence, passent leur temps à vérifier qu'on ne leur « vole » rien et qu'aucun complot ne s'ourdit derrière leur dos.

Soumis ou rebelle, si vous êtes concerné, vous faites office de souffre-douleur auprès de votre famille, votre partenaire, votre patron et vos amis. Vous en prenez plein la tête, psychologiquement, verbalement, et vous supportez des situations souvent dures qui ne vous conviennent pas, parce que vous avez été conditionné pour cela.

Hubert

Héritier de la grande bourgeoisie nantaise, il est l'aîné de deux garçons. Contrairement à son frère, le préféré, il a toujours souffert du despotisme et de la violence de son père, avec l'accord tacite de sa mère qui n'intervenait pas.

Pour braver inconsciemment son géniteur et se venger de ses exigences, il épouse Nadine, de six ans son aînée. Au-delà de l'écart d'âge, l'origine sociale de la mariée constitue l'ultime transgression : son propre père, petit malfrat, a fait de la prison ; il a été odieux avec sa femme et a disparu en lui laissant des dettes. Pour couronner le tout, Nadine a été abusée au sens propre par un proche, et au sens figuré par sa mère. Même si ces événements peu reluisants ont été tus, elle n'a jamais été bien accueillie dans la famille d'Hubert. Et celui-ci, toujours soumis, n'a rien fait pour arranger les choses, provoquant un contentieux inépuisable entre les époux.

Aujourd'hui, Hubert est désespéré. Après avoir eu une aventure avec un masseur rencontré à l'étranger lors d'un séjour en hôtel-club, Nadine s'est entichée d'un consultant de son entreprise qui officie dans un pays d'Europe de l'Est. La liaison reste virtuelle mais Nadine demeure totalement sous l'emprise de son *bad boy*. Sous prétexte de travailler, elle passe son temps au téléphone avec lui. Ce qui lui arrive la dépasse, elle n'y peut rien :

« Hubert n'a qu'à attendre que ça passe », affirme-t-elle. Seulement, Hubert a atteint ses limites. Il a passé l'éponge une première fois ; il ne se laissera plus mener par le bout du nez : sa décision est prise. Mais avant de se lancer dans une procédure de divorce, il cherche à comprendre dans le cadre d'une thérapie de couple ce qui l'a conduit à endurer une telle injustice.

Charles, le père d'Hubert, a aussi été le souffre-douleur de son propre père, alors que son frère cadet bénéficiait des faveurs de leur géniteur. Charles n'a pu supporter sa blessure d'enfance qu'en choisissant Hubert, l'aîné, comme support de projection de sa colère sur lui, et en encensant son second fils. Il aurait pu tout autant se délester sur ce dernier ; il se trouve qu'Hubert a été désigné et a consenti à porter ce lourd fardeau. Pas étonnant que ce dernier ait été attiré par Nadine : ancienne petite fille abusée et rebelle, elle a choisi de s'identifier à l'abuseur plutôt que de subir de nouveau. Par cette posture, elle rappelle à Hubert les comportements de Charles, et les voilà « ficelés », sans le vouloir, au cœur de leur problématique. Elle peut tranquillement rejeter sa haine de l'homme sur son mari. Quant à lui, dressé pour encaisser, il revit ce qu'il connaît bien : la maltraitance mâtinée d'injonctions... De surcroît, incapable de s'opposer frontalement à son père, il se cache derrière la colère de son épouse.

Pour Hubert et Nadine, réaliser ce qui se rejoue constitue un préalable indispensable afin de dénouer le conflit. Dès lors, seul le temps permettra à chacun d'évoluer. Nadine apprend à « désérotiser » l'abus pour sortir de sa dépendance à l'égard des mauvais garçons qu'elle reste susceptible de rencontrer. Elle apprendra aussi à « réérotiser » Hubert, moins excitant parce que soumis, et à le respecter sans l'identifier à son père ou à sa mère.

De son côté, Hubert pourrait faire confiance à la puissance de son masculin pour tenir tête à son épouse et, derrière elle, à son père.

Reprendre son pouvoir d'homme contribuera à développer ce *sex appeal* qui lui a tant fait défaut, mais dont tous les *bad boys* du monde sont largement pourvus. Faire le deuil de son besoin d'être reconnu par son père lui ouvrirait aussi de nouvelles perspectives (voir chapitre 6).

Les ex-« vilains petits canards » toujours rebelles

Valérie

Elle a été élevée par Josiane, une mère hystérique, violente et fort critique à son égard, avec son frère Thierry (le chouchou). Son père passait son temps sur des chantiers et se montrait une à deux fois par trimestre, jusqu'au jour où il ne s'est plus montré du tout... Josiane a alors redoublé de violence. Elle accusait Valérie d'avoir contribué à la désertion du père : « Si tu avais été plus gentille, il ne serait pas parti ! » Ses compagnons suivants ne se sont pas révélés plus cléments, entre un alcoolique qui la battait et un bon à rien qui passait ses journées devant la télévision, tandis que Josiane faisait tourner la maison. Heureusement, elle pouvait se consoler avec son petit Thierry, si gentil, si compréhensif ; elle ne levait jamais la main sur lui. Quoi qu'il arrivât, Valérie s'en voyait incriminée. Très vite, elle s'est rebellée. Elle préférait répondre et « s'en prendre une » plutôt que de courber l'échine. Plus elle la défiait, plus Josiane l'agressait. Le ton montait et cela finissait toujours de la même façon : Josiane plaquait sa fille sur le sol et la rouait de coups pour la faire taire.

Aujourd'hui, à 43 ans, Valérie n'a pas décoléré. Vitupérer contre sa mère qui n'a pas su l'aimer absorbe une partie de son énergie. Elle se fâche régulièrement avec elle, puis revient, dans l'espoir que celle-ci aura changé et la fêtera enfin... Cet espoir accapare le reste de son énergie. Elle se plaint par ailleurs du fait que son fils ne lui témoigne pas assez d'affection. À 14 ans, il a demandé à partir en internat.

Le ressentiment, avec lequel Valérie fait couple, l'occupe tant qu'elle ne peut se concentrer pour chercher un travail. Financièrement, elle « trime » entre son RSA et des petits boulots qui ne correspondent pas à ses compétences. À force d'avoir été traitée de « pot de saindoux », « grosse vache », « pauvre merde » et autres quolibets tout aussi dévalorisants, elle a fini par s'identifier à cette image. En définitive, un surpoids de vingt kilos, mais surtout sa vindicte, limitent son potentiel de séduction auprès de la gent masculine. Elle condamne systématiquement la société et « les mecs »... Mais à qui s'adressent réellement ses reproches ? Et pourquoi se complaît-elle dans une telle situation ?

Valérie ne reste pas dans son mal-être sans raison. Elle le supporte parce qu'un bénéfice caché lui permet à elle aussi de trouver son compte dans cet équilibre : elle reproduit les mêmes mécanismes, fussent-ils désagréables, *ad vitam aeternam*. Par exemple, elle reste dans un travail qui ne lui convient pas, elle fait de mauvais choix et s'y accroche... À l'image de nombreux rebelles, elle monte dans les tours comme elle respire. Chaque fois qu'elle tempête, elle s'adresse en réalité à la personne à qui elle en veut : sa mère. Elle oublie du même coup que son père a abandonné la famille et, d'une certaine façon, le protège.

Lors de chaque nouveau rapport de force (mise en demeure, rupture amoureuse ou d'un contrat), Valérie s'arc-boute dans une position de résistance acharnée, révélant ainsi les stigmates de son enfance. Dès lors, elle ne maîtrise plus rien. Cette colère qui, autrefois, lui a permis de « tenir le coup », n'a plus lieu d'être aujourd'hui. Ne pas connaître d'autre mode de fonctionnement altère sa lucidité : comment pourrait-elle réaliser que son ire n'atteint pas la personne souhaitée ? Non seulement elle perd son énergie à cracher dans le vide, mais elle nie la petite fille qu'elle est restée à l'intérieur d'elle-même ; cette dernière, maltraitée, revit les affres de toujours. Au lieu de la protéger, de profiter de sa condition d'adulte pour choisir, trancher et s'autoriser des compagnons ou des patrons bienveillants, Valérie se traite, la traite comme sa mère la traitait jadis… Et, si l'on prend un peu de recul, comme son père (et probablement aussi, l'un de ses grands-parents maternels) traitait son ou sa conjointe, ainsi que sa mère dans la foulée.

Quand le passé s'infiltre dans le présent…

Vous trouverez ci-dessous le tableau que vous avez commencé à compléter au chapitre 3. Posez-vous et prenez le temps de la réflexion pour continuer de le remplir.

1. Dans la ligne « Quelle situation de mon enfance cela me rappelle-t-il ? », indiquez pour chaque « galère » les faits passés avec lesquels vous pouvez établir un parallèle. Exemple : « Je redoutais les scènes de mon père. »
2. Dans la ligne « Quels sont les membres de ma famille concernés ? », indiquez la ou les personnes à l'origine de vos soucis quand vous étiez enfant. Exemple : « Mon père, qui m'a forcé à vivre cela, et ma mère qui l'a cautionné. »
3. Dans la ligne « Quelle est ma mission ? », indiquez ce pour quoi vous avez été programmé, comme si vous donniez un titre à un livre. Exemple : « Supporter pour être accepté. »

	A	B	C
Mes galères			
Les faits			
Que se passe-t-il ?			

	A	B	C
Comment je me sens ?			
Quelle situation de mon enfance cela me rappelle-t-il ?			
Quels sont les membres de ma famille concernés ?			
Quelle est ma « mission » ?			

Si vous avez scrupuleusement suivi les nouvelles consignes, vous devriez normalement avoir une image plus précise des origines de vos galères. Comme vous le constatez, elles sont liées à votre éducation, à partir du moment où vous ne faites que reproduire à l'âge adulte ce pour quoi vous avez été « programmé ». Vous avez reçu des messages et vous les avez intégrés, faute d'avoir connu d'autres références : ils constituent votre ou vos « missions ». Celles que vous venez d'identifier proviennent d'un faisceau d'injonctions qui ont construit votre personnalité par excès (rébellion) ou par défaut (soumission).

Une telle enquête, relativement simple en apparence, se révèle parfois complexe. Elle implique une lucidité et une absence d'autocomplaisance peu communes. Si vous n'êtes pas parvenu à identifier votre « programme », une consultation privée vous aiderait sûrement à avancer plus vite. Et, à ce stade, vous devriez vous demander pourquoi vous êtes resté si longtemps coincé dans un système que vous répétez à l'infini…

Chapitre

Pourquoi est-ce que je me sabote ?

6

Je répète des situations que j'ai érotisées dans mon enfance

Loin de faire allusion à la sexualité, la notion d'érotisation renvoie à la pulsion de vie. Cette pulsion dépasse la simple survie pour atteindre à une forme de jouissance ; elle se met en place *in utero*, et se dessine ensuite en fonction de la configuration familiale dans laquelle vous avez évolué. En contrepoids à la pulsion mortifère, elle vous a permis d'avancer et de vous structurer.

Actuellement, vous répétez le vieux schéma de votre enfance, dans lequel vous n'occupiez pas la place que vous auriez voulu. Vous réitérez les situations de jadis, peu satisfaisantes certes, mais que vous avez érotisées, parce que vous vous sentiez beaucoup plus vivant maltraité que dans l'indifférence. J'appelle ce mécanisme la « complaisance masochiste érotisée ».

Entre espoir et désespoir

À l'âge tendre, espérer que les choses s'arrangent restait votre seule issue pour tenir le coup. Mais quand vous découvriez que rien n'avait changé (maman était toujours triste ou criait encore), le désespoir vous terrassait de nouveau. Alors, espérer follement l'avènement d'un futur meilleur, pour ne pas sombrer, vous maintenait vivant. Quel autre recours aviez-vous à ce moment-là ? Aucun ! Imaginons par exemple que votre mère vous ait souvent dit des phrases du type :

- « Ton père fait la tête parce qu'il n'a pas eu ce qu'il voulait hier soir. »
- « Vu comment tu es foutue, et avec ton sale caractère, tu vas avoir du mal à te dégoter quelqu'un ! »
- « Ton père n'a toujours pas retrouvé de travail, c'est bien ma veine… Quel incapable, c'est à moi de faire bouillir la marmite ! »

Si vous étiez dans ce cas, il est probable que vous vous taisiez et accusiez le coup, complètement décontenancé par de telles envolées. La seule solution pour vous était alors d'attendre des jours meilleurs, pour pouvoir enfin occuper votre place d'enfant : « Peut-être que c'est la dernière fois, peut-être que ça va changer, peut-être que papa ne fera plus la tête, retrouvera un travail, et que quelqu'un s'intéressera à moi ? »

Voilà comment vous avez adopté peu à peu un système binaire (*on/off*), qui régule désormais vos relations : va-t-il m'appeler ? (espoir) Non ! (désespoir). Mais peut-être a-t-il perdu son téléphone ? (espoir) Ah, je compose le numéro en anonyme et il répond (désespoir). L'érotisation se résume à cet instant où tout reste encore possible. Il vous paraît donc normal de parcourir en permanence des montagnes russes, de vous sentir tantôt excité, tantôt en danger, quelle que soit la thématique concernée. Après la foi, la désillusion : avec la redescente, inhérente à la montée, arrivent les heures noires et, surtout, celles du sacrifice.

De la « dette » au sacrifice

Accepter ces situations dommageables consiste, inconsciemment, à adopter une posture sacrificielle, comme si vous abdiquiez dans votre propre royaume. Cela signifie que vous ne vous permettez pas de vivre « grand », comme le préconisent les Américains avec le slogan « *Think big!* ». Au contraire, vous considérez que vous êtes « né pour un p'tit pain », selon l'expression québécoise ! Vous ne vous autorisez pas à savourer une vie agréable, potentiellement allégée d'un poids qui ne vous appartient pas. À travers ce sacrifice, vous reproduisez le seul modèle que vous connaissez : celui qui vous a construit. Vous êtes ainsi *loyal à vos parents*.

Parce qu'ils vous ont donné la vie, le plus beau des cadeaux, ces derniers comptent sur vous – quasiment dès votre venue au monde – pour les « rembourser ». Ils espèrent que votre destinée leur rendra au centuple les moult privations qu'ils ont consenties, effacera leurs frustrations et les cadeaux empoisonnés hérités de leurs propres parents : ne vous en ont-ils pas fait part sans retenue, au fil du temps ?

À une certaine époque et dans la plupart des milieux sociaux, les parents espéraient de leur progéniture d'abord un soutien financier (travail à la mine, jobs de mômes), puis un salaire supplémentaire. Ils comptaient aussi sur leurs descendants pour leurs vieux jours (hébergement, nourriture, soins et attention), y compris les plus nantis. L'évolution de la société a changé ces attentes. Aujourd'hui, beaucoup de personnes âgées s'autonomisent grâce à leur retraite. Parfois, l'un des conjoints s'occupe de l'autre, jusqu'à ce que les aides à domicile ou l'hôpital prennent la relève. La « réparation » demandée passe alors plus rarement par le biais financier – cela s'avère même impossible, lorsque les parents aident leurs enfants à s'installer. Mais, dans l'inconscient collectif, le remboursement exigé se nomme désormais « Répare le passé et la tristesse de tes parents, c'est ton devoir ! » (au lieu de « Aide tes parents, c'est ton devoir ! »). Et cette nouvelle injonction va bien au-delà du classique « Tu dois réussir ! ».

Quand le vieillissement gagne du terrain, les peurs et souffrances d'hier, souvent refoulées par la gestion du quotidien, ressurgissent ou s'accentuent. Derrière les sommations non dites se cachent les anciens enfants meurtris, figés dans leur trauma. Impérieux, tyranniques, ils télécommandent vos parents à leur insu : leurs exigences de perfection et de disponibilité ne servent qu'à apaiser leur soif d'attention. La part blessée d'eux-mêmes vous demande de leur apporter d'urgence ce qu'elle n'a pas reçu par le passé, sans tenir compte de vos âges respectifs. Et comment pourriez-vous consoler vos parents des outrances qu'ils ont endurées ? Comme vous le faites actuellement, en les portant à leur place, à votre détriment !

Mais savez-vous qu'une vie de loyauté ne saurait suffire à réparer ce qui a eu lieu ? Shakespeare disait : « *What's done is done and can't be undone.* » (« Ce qui est fait est fait et ne peut être défait. ») Certains deviennent riches et célèbres, sans pour autant rembourser leur

« dette » à l'égard de leurs parents. D'autres paient de leur temps, offrent des cadeaux et occupent la fonction de souffre-douleur. Parfois, ils se rendent malades ou s'amochent sérieusement pour calmer le flux incessant qui les submerge. Face à leurs soucis de santé, leur entourage panique, leur accorde une trêve et, surtout, de l'attention, qui « gèlent » parfois le processus d'indifférence ou de rejet en place jusqu'alors. Et, lorsqu'ils se rétablissent, une nouvelle douceur arrive parfois avec le dégel. Retrouver des parents bien intentionnés ne justifiait-il pas ces inconvénients ? Mais en définitive, quoi que vous fassiez, vous êtes dans l'impossibilité de rembourser, en d'autres termes de « réparer » l'enfance blessée du parent « abîmé ».

Cela pourrait éclairer la posture parfois ambivalente de certains vieillards quant à la transmission. Plus ils avancent en âge, plus vous accorder la reconnaissance que vous recherchez leur est impossible. D'une part, ils n'ont pas reçu eux-mêmes ce type de reconnaissance, et se révèlent parfois maladroits en la matière ; d'autre part (il s'agit là d'une lecture différente), s'adoucir signifierait perdre leur pouvoir sur vous. Or, décliner fragilise et génère des peurs mortifères. Alors, ils s'accrochent à l'aspect matériel des choses (argent, biens) ou se retiennent de vous prodiguer toute marque d'affection (« Je mourrai sans te dire les mots qui te feraient du bien… »), parfois les deux. Ils ont la croyance inconsciente que, s'ils relâchaient leur vigilance, vous pourriez en profiter… et vous sentir suffisamment à l'aise pour oublier votre « dette » ! Enfin, même s'ils vous souhaitent sincèrement tout le bonheur du monde, la partie d'eux-mêmes qui n'a pas eu autant de chance et de possibilités que vous, ne lâchera rien : pourquoi obtiendriez-vous quelque chose dont eux-mêmes n'ont pas hérité ?

L'autoflagellation pour rembourser sa « dette »

Pour beaucoup, impuissants à rembourser leur « dette de vie », l'autoflagellation représente un début de dédommagement : « Puisque je ne peux te rendre ce que tu m'as donné (sous-entendu « te réconforter de ton passé »), alors je me sabote. Tu constateras ainsi que je ne m'autorise pas à être plus heureux que toi. Puisque je ne peux être le bon père ou la bonne mère que tu n'as pas eu, que je ne peux t'offrir tout l'amour dont tu as manqué, je reste loyal à ta souffrance à mon humble niveau, dès lors que je m'entrave moi-même. Face à mon quotidien laborieux, peu joyeux, tu ne peux rien exiger. En effet, je suis confronté à tant de galères, je m'impose un tel gâchis, que tu ne peux réclamer ton remboursement ! »

À défaut de solder les comptes, l'autoflagellation, l'autosabotage, l'autodestruction constituent une contrepartie à cette dette. D'ailleurs, s'il était possible de l'apurer, alors le parent concerné serait potentiellement disponible pour donner de l'amour. Un tel ressenti accentue la culpabilité : si vous étiez à la hauteur, ne délivreriez-vous pas vos parents de leur peine, et ne se consacreraient-ils pas davantage à vous ? Cette croyance difficile à lâcher (« Je vais enfin être reconnu et chéri... ») constitue l'un des piliers du sacrifice.

En parallèle se rejouent d'autres « loyautés », qui se développent plus directement sur le terrain de l'éducation. Elles se tissent à travers des prises de positions inconscientes, organisées à partir de rôles distribués ou choisis, quasiment dès la conception.

Je me sabote par loyauté à mes ascendants

La fille se construit à partir de ce que la lignée des femmes (mère, grand-mère, arrière-grand-mère, etc.) lui a transmis : croyances, peurs, attitudes, rituels et, bien au-delà, drames, doutes. La plupart du temps, elle grandit avec un lourd héritage, qui ne lui appartient pas. Si vous vous êtes développée sur le modèle de votre mère, vous êtes « parfaite » ou soumise, et donc loyale. Si vous vous êtes construite contre elle, elle vous rejette.

Il en va de même pour le garçon, issu d'une lignée d'hommes (père, grand-père, arrière-grand-père, etc.). Sauf que lui doit, de surcroît, se dresser et se positionner face à sa mère – ce qui n'est pas toujours une mince affaire, vous vous en doutez !

De ce fait, certains comportements types des filles à l'égard de leurs pères et mères se retrouvent aussi bien chez les hommes ; ceux-ci ne devront toutefois pas oublier qu'ils existent d'abord par rapport à leur père et à ses ascendants. Naturellement, ce décryptage reste valable pour les femmes qui lisent les situations concernant les hommes.

Quel que soit votre sexe, si vous croyez ne rien avoir en commun avec votre mère, vous vous trompez lourdement… D'abord, vous n'êtes pas issus de la fécondation d'un utérus cosmique par Robocop ! Par conséquent, hormis le patrimoine génétique, vous avez partagé avec elle neuf mois de totale proximité. Ensuite, elle vous a légué ses qualités (un magnifique regard, une santé à toute épreuve). Seulement, dans le *package*, il fallait compter aussi avec ses imperfections (ses crises d'hystérie, ses projections pathétiques). Enfin, vous avez fusionné avec elle durant vos premières années. Elle était alors tout pour vous, par excès ou par défaut.

Devenir un homme est une gageure dans un monde où le féminisme et l'omniprésence des mères côtoient l'absence ou le désinvestissement de certains pères. La transmission du masculin invite le petit garçon à « faire comme papa », à savoir exister en s'identifiant à son père (ou toute autre figure masculine en son absence) ou en agissant contre lui. L'homme doit à la fois gérer ce lien au masculin et réparer ou répéter le lien que son père entretenait avec sa mère. Pour trouver sa place, il doit ainsi s'apparenter à cet homme puissant, juste, charismatique, inégalable, ou à cette brute vulgaire… ou, au contraire, s'en dissocier totalement !

Mais auparavant, messieurs, il convient d'identifier d'éventuelles loyautés susceptibles d'expliquer certaines de vos galères (en particulier celles rencontrées avec les femmes), de façon à comprendre votre position dans le système familial, et à savoir où vous avez « placé » votre puissance sexuelle.

Homme ou femme, vous avez dû admettre que votre éducation a déterminé votre personnalité. Il est temps d'analyser quels processus vous avez mis en place pour traverser les contraintes et injonctions qui se présentaient sur votre parcours.

Les loyautés aux mères

Les sacrifices « de naissance » sont légion. Votre mère a toujours laissé entendre que, si vous n'étiez pas arrivé, elle ne serait pas restée avec votre père, homme rustre et distant : « Je me suis sacrifiée pour toi, regarde ce qu'il me fait ! », vous a-t-elle répété durant votre enfance. Ou encore : « Si je n'avais pas été enceinte, j'aurais fait des études et je serais pharmacienne aujourd'hui ! » Le sous-entendu n'est-il pas : « À cause de toi, je suis femme au foyer et je n'ai jamais pu partir... » ?

Coincé par la culpabilité, si vous êtes soumis, vous avez fait profil bas depuis toujours. Vous l'écoutez, la soutenez, la consolez, pour qu'elle ne regrette plus de vous avoir mis au monde. Vous tentez de remplir un puits sans fond, et vous vous y épuisez. De son côté, elle se décharge « non-stop » et vous impose la négativité dans laquelle elle se complaît. Comment vous autoriser réussite professionnelle et harmonie amoureuse dans un tel environnement ?

L'« immolation » des filles consiste alors à prendre le relais de leur mère en portant son fardeau : « Ne t'inquiète pas, maman, je vis la même chose que toi. Mon dévouement ne ressemble pas tout à fait au tien, compte tenu de ma génération, mais dans le fond, j'en bave tout autant. Toi, tu as supporté papa et (au choix) ses crises, son alcoolisme, ses sollicitations sexuelles, ou alors tu m'as élevée toute seule. J'ai fait comme toi, à ma façon, et je suis malheureuse en amour. Je n'ai pas d'homme dans ma vie, mais la malédiction des femmes s'arrêtera avec moi : je ne vois pas comment je serai enceinte à 40 ans passés ! » Dans cette logique de répétition, vous sortez principalement avec des hommes alcooliques, libertins, dépressifs, qui vivent loin de chez vous, déjà engagés ou compliqués. Tout le monde abuse de vous, que vous ne vous en rendiez pas compte ou que vous ne sachiez pas dire « Non »...

Quant à celle qui s'autorise le couple, elle ne recherche pas directement une figure paternelle, mais les comportements de son partenaire l'amènent à revivre ce que son père faisait vivre à sa mère. D'une autre façon, « allégée », dans une société plus permissive, sans doute ; toutefois, frustration et angoisse sont bien au rendez-vous ! Ainsi, certaines ont dû quitter le ou les pères de leurs enfants car, affirmaient-elles, « Il n'y en a pas un pour rattraper l'autre ! ».

« Pourquoi es-tu attirée uniquement par les chiens perdus sans collier ? », vous demande votre mère. Elle se fait un plaisir de décortiquer la brochette de soupirants que vous lui apportez sur un plateau, de (mal) vous conseiller, et vous soutient lorsque le mot « fin » se dessine sur l'écran de votre dernière étreinte. Vous faites couple avec elle dans la maltraitance et la médisance de l'homme. Comment voulez-vous, dans ces conditions, partager votre quotidien avec un homme « normal » ? Vous n'auriez plus rien à échanger avec elle. Or, elle est plus importante que tous les hommes !

Si vous êtes plus rebelle que fusionnelle, vous préféreriez vous damner plutôt que de vous confier à votre génitrice. Pour autant, vous demeurez en lien avec elle dans le sabotage : comme elle, vous portez un poids à travers les situations conflictuelles, frustrantes et usantes de votre quotidien.

Beaucoup de femmes se croient émancipées parce qu'elles vivent à l'étranger ou ont beaucoup voyagé et ne comptent plus le nombre d'aventures qu'elles ont eues. Elles se sentent « reines » et hors-la-loi de leur lignée. Souvent, pourtant, elles ne sont pas plus épanouies que leurs mères.

Les rebelles, ou celles qui le sont devenues à l'adolescence, se sont identifiées aux sarcasmes de leur mère : « Tu seras fille de salle ! », « Regarde-toi, qui voudra de toi ? »... Ces mots sont indélébiles. Là où il a été marqué au fer rouge, l'enfant restera (longtemps) figé.

À force d'être désapprouvées et condamnées, les rebelles se sont construites à partir des injonctions maternelles. Si quelques-unes ont puisé dans leur colère l'énergie pour prouver à cette figure autoritaire qu'elle se fourvoyait, la plupart ont succombé à la facilité de l'autodestruction. Pour couronner le tout, elles ont inconsciemment pris en charge la part d'ombre de leur mère, petite fille abîmée et autrefois honnie. Elles lui ont ainsi offert un magnifique support de projection. Celle-ci a pu éructer sa haine d'elle-même sur un écran vierge, tendu par des fillettes avides d'une reconnaissance pour laquelle elles étaient prêtes à payer le prix fort. Prix qu'elles paient encore dans les autres domaines de leur existence.

Paradoxalement, du fin fond de leur insubordination, nos rebelles semblent dire : « Ne t'inquiète pas, maman, j'ai pris sur moi la part de toi-même que tu détestais, pour t'alléger. Je suis devenue une ratée (une grosse dondon, une alcoolique mondaine, une fille-mère, abusée et quittée par les hommes, en échec professionnel, etc.). Tu m'as comparée, critiquée, méprisée, dévalorisée, humiliée. Grâce à mon adolescence tumultueuse, je pensais m'éloigner de toi… En fait, je me suis bien sabotée et j'ai fait comme tu as dit, je suis devenue ce que tu avais prédit que je serai ! Qu'attends-tu pour me regarder et m'accueillir, puisque je ressemble tant à ce que tu voulais que je sois ? »

Éloïse

Heureusement qu'Éloïse était la chouchoute de Pierre, son papa, car côté maternel, elle ne recevait que des insultes ! Au moins, lui la reconnaissait ! Certes, pour cela, il lui a fallu devenir un garçon manqué, chasser et pêcher, apprendre la mécanique, le jardinage ou le jeu d'échecs, quand ses copines habillaient leurs poupées... Mais avec le recul, tous ces apprentissages, mêmes s'ils ne sont pas ceux du féminin, ont contribué à son évolution. En effet, comment aurait-elle pu se construire sans le regard bienveillant de papa ? Ils s'entendaient à merveille, et comme la pêche n'était pas la tasse de thé de maman, Éloïse profitait de ces moments partagés.

Manque de chance, sa mère, Patricia, était jalouse ! Non seulement, elle n'avait pas intégré sa fille dans son plan de maternage, mais elle ne voulait pas que celle-ci soit légitimée par son mari. En effet, selon sa perception, elle ne recevait de celui-ci aucune tendresse, mais seulement mépris et critiques, et elle projetait sur sa fille la colère éprouvée contre lui. Derrière cette jalousie irrationnelle, quelle situation du passé se rejouait pour cette femme ? Quelle personne, qui lui avait volé la vedette jadis, s'immisçait dans sa relation conjugale ? Et son conjoint, Pierre, de quelle rage d'enfant se vengeait-il en la rabaissant et en la trompant ? Se libérait-il sur elle d'un père colérique ou d'une mère abusive ?

Quand Éloïse a été pubère, Patricia, dans son délire, l'a traitée de « pute », l'a accusée d'aguicher son père et a interdit à ce dernier d'aller dans la chambre de sa fille, ne serait-ce que pour lui dire bonsoir. En traitant Éloïse comme la maîtresse de son mari, sa mère détruisait l'identité féminine de la jeune fille, saccageant sa puissance de femme en devenir.

En fait, la sœur de Patricia était la chouchoute de leur mère, et Éloïse recevait de plein fouet une colère maternelle adressée à sa grand-mère. Quant à la jalousie excessive, elle venait du fait que son époux l'avait trompée avant même la conception de leur fille. Patricia avait ravalé sa fureur et croyait avoir pardonné, mais la naissance d'Éloïse lui avait permis de décharger sur elle sa frustration et sa rancœur. En supportant cette maltraitance, Éloïse remboursait sa dette. Après tout, si sa mère avait compris la leçon, elle aurait quitté son petit ami et ne lui aurait jamais donné la vie !

À force de culpabilité, Éloïse, pourtant brillante, a abandonné ses études. À 20 ans, elle avait pris quinze kilos et passait son temps à manger dans son lit. Quant à ses relations amoureuses, elles se réduisaient à quelques nuits pendant lesquelles elle s'offrait au premier venu, après avoir ingurgité des bières. Elle était devenue « l'allumeuse dévergondée » annoncée par sa génitrice. Elle rencontrait sa mère à trois endroits : l'humiliation par des hommes méprisants (comme son père vis-à-vis de sa mère), le non-respect de soi (par le fait de se galvauder) et l'identification (« Grâce à mes nombreux partenaires, je ressemble aux maîtresses de papa et je trouve ma légitimité dans le regard de maman. »). Plus elle se détruisait, plus elle agaçait sa mère qui, naturellement, réagissait à outrance. Patricia, inquiète, la tannait. Éloïse découvrit non sans surprise le pouvoir jouissif qu'elle exerçait sur cette dernière alors que, lorsqu'elle se soumettait et écrasait sa révolte, elle ne suscitait pas autant d'intérêt... Les deux femmes ne se comprenaient pas, trop préoccupées par leur hargne et leur propre frustration ; la violence était devenue leur seule façon de communiquer.

Du côté des hommes

Messieurs, vous avez hérité d'une paire de testicules. Qu'en avez-vous fait ? Si vous vous comportez comme maman a dit, vous êtes un « sauveur » ! Combien de temps avez-vous passé à prendre soin de femmes abusées, trahies, volées, trompées qui, une fois requinquées, vous ont laissé tomber pour se perdre à nouveau avec un *bad boy* ? Dans l'objectif de faire plaisir à votre mère, vous avez renié votre masculin. Face à ses exigences ou à sa posture de victime, vous pourriez véhiculer le message suivant : « Être un homme, c'est ressembler à papa, avec son infidélité, sa lubricité. Incapable de m'identifier à ce modèle, je ne m'autorise pas la jouissance, car elle t'a rendue malheureuse. Je suis un bon garçon, fidèle à toi et privé de sexe en permanence. Ne t'inquiète pas, maman, je ne serai jamais comme ces êtres vils que tu détestes. » Que votre problématique se situe ailleurs (alcoolisme, jeu, violence physique ou verbale) importe peu. Seul compte le fait de ne pas ressembler à celui qui a fait tant de mal.

Dans la série « Je répare », cela pourrait donner : « Je suis devenu un sauveur pour réparer toutes celles qui ont souffert comme toi, maman chérie. Confident de ces dames, je suis à leur service en permanence, je supporte leurs états d'âme et leurs humeurs aléatoires quand elles me font payer leur colère contre l'homme. Ne t'inquiète pas, maman, à travers ces femmes, c'est toi que je répare. »

Mais, quoi que vous fassiez, jamais vous ne rembourserez votre dette à l'égard de votre mère ! Vous êtes pris dans une double contrainte : être un homme consiste à ressembler à votre père ; or, cette idée vous révulse, puisque votre mère vous a demandé, avec votre consentement, de prendre son parti.

Dans ce système, vous lui avez confié vos « bijoux de famille » ! Selon elle, votre père la frustrait, elle se sentait seule et accablée. Heureusement, vous étiez là, vous, son petit prince. Elle vous choyait, vous couvrait de baisers et sentait bon. Parfois, la nuit, quand papa n'était pas là, elle vous prenait dans son lit, ou alors elle faisait la sieste avec vous, pour le plaisir de vous sentir tout proche. Vous avez progressivement remplacé papa, symboliquement s'entend, et vous avez a-do-ré ! Lui voler la vedette, vous n'en étiez pas peu fier ! Tous les petits garçons de votre âge vous auraient envié d'occuper une place de cette importance dans le foyer.

Certains ont signé un « contrat » uniquement psychologique, dans lequel il est interdit d'aimer ailleurs, sans qu'il faille se comporter pour autant en moine. Si vous êtes concerné, quand il s'agit de sexe et pas d'affect, vous vous transformez en super amant, et elles en redemandent toutes ! Avouez-le, après une nuit dans vos bras, elles succombent définitivement, à tel point que vous devez les tenir à distance… Mais quand vous êtes touché et que vous faites l'amour de toute votre âme, vous perdez vos moyens. Votre sexe, votre meilleur allié, vous lâche soudainement. Il vous condamne à des relations sans affect, comme si vous ne pouviez « tout avoir ». Cet engagement avec maman vous ficelle. Comment voulez qu'une femme avec laquelle vous pourriez avoir une vraie histoire trouve le chemin de votre cœur ?

La variante féminine de ce pacte implicite consiste à attirer des hommes qui souhaitent construire avec vous mais dont vous ne voulez pas. En revanche, vous êtes prête à vous damner pour des narcissiques nonchalants (qui vous font tourner en bourrique) ou pour des hommes fort sollicités (ou, plus simplement, déjà engagés) qui vous accordent des miettes. Ce phénomène trouve sa source dans cette fameuse loyauté qui vous interdit de vous épanouir au-delà d'un seuil invisible, fixé implicitement par votre mère (« Tous les hommes sont décevants, pourquoi tu cherches ? ») ou par vous-même (« Elle ne supporterait pas que je la laisse tomber pour un authentique amoureux ! »).

Les loyautés aux pères

Quel que soit votre sexe, si votre père était colérique, violent et caractériel, ou s'il vous dénigrait verbalement (comme celui d'Hubert), votre « mantra » pourrait être, au choix : « Je suis devenu une pauvre chose », « Je me laisse aller physiquement », « Je suis en échec professionnel », « Je n'ai pas de partenaire ou le mien me trompe ». Identifié aux critiques de votre géniteur, vous rejouez à l'infini la même scène. Les mêmes répliques et la même chute vous laissent brisé, sans espoir, submergé par le sentiment de vous engluer chaque jour davantage.

Si votre père était dur ou rebelle, vous devenez un *bad boy* voire une *bad girl.* Vous vous complaisez dans des attitudes transgressives qui s'expriment à travers des conduites à risque, une posture de « petit chef » ou une sexualité envahissante.

En tant que fils, vous suivez le modèle de votre père ou vous vous y opposez. Ce dernier avait tendance à s'écraser et à fuir les conflits, pour préserver une sorte de paix satisfaisante à ses yeux ? Dans ce cas, vous avez peut-être développé une démarche intérieure qui se résume à : « Ne t'inquiète pas, père... Être un homme, c'est être privé de sexe, castré par maman et soumis à elle. Je m'identifie à ta frustration de mâle et je ne m'autorise pas plus que toi la jouissance. J'assure la relève : à ton image, je ne serai jamais un mec dans sa puissance. »

Si tout allait pour le mieux dans le meilleur des mondes possibles, tout « castré » épouserait un clone de maman ; il lui obéirait toujours, et rien ne changerait ! De nombreuses unions fonctionnent sur ce type de complémentarité. Toutefois, beaucoup obéissent seulement en apparence et, par derrière, punissent leur compagne de son emprise en se livrant à une addiction transgressive (infidélité, alcool, travail, jeux vidéo, etc.).

Victor

Dans le couple des grands-parents paternels de Victor, c'est la grand-mère qui faisait la loi. Le père de Victor a épousé le clone de sa propre mère (notez que le sexe n'a aucune incidence, seul compte le caractère dominant, quel que soit celui qui s'en fait le relais). Enfant, Victor a donc plié sous la poigne d'une mère autoritaire, mais juste. Pas de violence, de coups bas ni de règles qui changeaient au dernier moment : tant qu'il obéissait, tout se déroulait parfaitement. Avec son père, il s'entendait plutôt bien : ils partageaient des activités d'hommes et, pendant ce temps, échappaient tous deux aux fourches caudines de la mère.

Les stratégies développées dans son enfance pour se protéger de « l'inspecteur des travaux finis » ont appris à Victor comment dissimuler ses compensations secrètes, pour s'y adonner librement. S'il est finalement parti vivre avec un homme à l'âge de 40 ans, d'autres disparaissent sans laisser de trace, se rendent insolvables après leur divorce, révèlent un penchant pour le whisky suite à une cirrhose déclarée ou font un enfant hors mariage. Cette liste, non exhaustive, montre à quel point ravaler les insatisfactions d'autrefois génère des conduites pathogènes, légères ou extrêmes, qui n'auront de cesse de s'exprimer.

Les différents visages de la vengeance

Il existe au moins trois façons de vous venger de votre mère sur les femmes. La première consiste à les séduire et à les abandonner, en conscience. Vous les assiégez jusqu'à ce qu'elles tombent amoureuses de vous et, une fois leur reddition assurée, vous partez. Dans ce cas, il y a peu de chance que vous lisiez ces lignes, sauf si une « Cruella » vous a mis à terre, ou si vous êtes fatigué de cette situation et incapable de vous arrêter.

Dans la deuxième posture, vous vous engagez réellement pendant quelques mois ou quelques années. D'abord, tout se déroule bien. Puis, sournoisement, très lentement, vous vous débrouillez pour priver de sexe votre compagne. Au début, elle ne vous voit pas venir. Elle remet en cause sa sensualité, dévore les magazines féminins pour faire renaître chez vous un désir qu'elle croit mort. Vous lui laissez entendre que vous allez bien et qu'elle ne sait pas s'y prendre, jusqu'à ce qu'elle doute d'elle, se dévalorise, se sabote ou tombe en dépression. Dans le meilleur des cas, elle prend un amant ; il lui montre qu'elle est toujours une femme séduisante et elle vous quitte. Cela justifie votre colère, et votre partenaire suivante « paiera » encore plus cher…

La dernière posture consiste à aborder les femmes avec une sorte de nonchalance naïve (précisément celle qui les fait craquer). Vous ne comprenez pas (prenez votre air innocent) : vous souhaitez ardemment vous engager, vous êtes de bonne foi, mais « ça ne marche jamais », affirmez-vous. Au fond, vous n'avez pas envie que la relation démarre. Vous savez pourquoi ? Vous craignez de tomber encore sous la coupe de maman ! Que celle-ci vous ait étouffé d'un amour gluant, conditionnel, impératif, ou, à l'inverse, qu'elle ait déchargé sur vous son trop-plein de frustration, de tristesse ou de nostalgie, l'effet est le même ! Même si elle a été absente ou vous a abandonné, faire payer les femmes nourrit votre rage. Alors, vous jouez plus ou moins subtilement à « Fuis-moi je te suis, suis-moi je te fuis… » : lorsque votre soupirante disparaît, vous en crevez, mais dès qu'elle refait surface, l'ombre de son éventuelle emprise vous glace à nouveau. À 40 ans et parfois bien plus, toujours célibataire, vous ne comptez plus le nombre d'aventures que vous avez eues. Les seules fois où vous avez été amoureux, elles habitaient loin, étaient de passage dans votre ville, ou déjà en couple, voire inépousables, parce que trop sages ou trop indisciplinées selon vos critères. Et celles avec lesquelles vous auriez pu construire vous ont quitté, parfois après plusieurs années de tergiversation, parce que vous ne vous engagiez pas !

À ces loyautés au père et à la mère, dites « verticales », s'ajoutent parfois :

- des loyautés à un frère ou à une sœur handicapé(e), obèse, moins gâté(e) par la nature ou en difficulté scolaire[1] ;
- des situations récentes, avec lesquelles il n'est pas toujours simple de composer.

Les loyautés dans les familles déracinées

Évoquer les migrations et les communautés expatriées s'avère essentiel pour analyser les origines de certains mal-être. La honte et l'image véhiculée par ces événements, tant dans le nouveau pays que dans celui d'origine, ont une importance considérable et incontournable sur les personnes concernées. Leurs narrations mettent en évidence les points suivants :

- lorsque la langue du pays n'est pas celle de la maison, qu'elle est mal parlée par les parents, les aînés sont responsabilisés très jeunes et remplacent les adultes, tant pour les questions administratives que pour les contacts avec le corps enseignant ;

1. Cf. *Autodiagnostic amoureux*, de Bénédicte Ann (Les Éditions de l'Homme, 2012).

- si les règles de vie de la famille, la religion et ses préceptes sont différents de ceux du pays d'accueil, la communauté met tout en place pour que sa propre tradition perdure, avec les pressions qui en découlent ;
- quand les conditions de vie sont précaires et le niveau de vie moindre par rapport aux familles des camarades d'école, les enfants en souffrent ;
- pour les exilés politiques, la nostalgie du pays (désormais interdit ou dangereux), la culpabilité par rapport à ceux qui sont restés[1], suscitent états d'âme, dépressions et tristesse qui se répercutent sur la génération suivante ;
- l'expulsion d'un pays, quelles qu'en soient les raisons, s'accompagne du sentiment d'avoir tout perdu ;
- venir d'une ancienne colonie n'aide pas à trouver sa place.

Que vos parents ou vos grands-parents aient migré, le fardeau de leur départ, rarement choisi, se répercute automatiquement sur vous à travers votre éducation. Vous êtes alors écartelé entre deux mondes régis par des codes différents. La pression familiale, à elle seule, suffirait à vous déchirer. Si vous y ajoutez une couleur de peau, une religion différente, une culture aux antipodes de celle du pays d'accueil, vous multipliez les conflits de loyautés potentiels. Vous vous sentez loin des références de vos parents et, en même temps, vous ne voulez pas les décevoir, encore moins trahir la communauté… Alors, comment concilier les deux ?

1. Cf. *L'Ignorance*, de Milan Kundera (Folio, 2003).

Samira

D'origine marocaine, elle a 28 ans et est célibataire. Sa mère l'a surinvestie, la poussant à faire les études qu'elle n'a elle-même jamais pu faire, alors qu'elle en avait la capacité. Samira est devenue responsable de projets dans une grosse entreprise.

Au moment où elle aurait pu s'acheter un studio, son père est décédé. Elle n'a pu se résoudre à abandonner sa mère, qui lui assène chaque jour : « Qu'est-ce que tu attends pour te marier avec un gars de chez nous ? Tu ne vas pas faire comme tes sœurs, hein ? Qu'est-ce qu'on va penser de nous, au bled ? Hachouma ! Tu vieillis, il va falloir te trouver un mari ! Comme ça, tu t'installeras dans la maison avec lui ; si, si, il y a la place, et vous pourrez vous occuper de moi. » Les sœurs de Samira n'ont pas eu envie de se sacrifier ; elles sont parties vivre au loin. Samira est donc la dernière fille encore susceptible de réaliser l'autre grand rêve de ses parents : épouser un bon musulman.

Les loyautés liées à la maladie et à la mort

Vivre auprès d'un parent diminué, rongé par la maladie physique ou mentale, faire office d'infirmier très jeune, supporter parfois le chantage au malaise ou à la crise… Tout ceci ne favorise pas l'épanouissement d'un enfant. La menace d'une mort prématurée, de rechutes, telle une épée de Damoclès, ponctue l'âge tendre d'une succession de phases d'espoir et de désespoir. Comment consentir au plaisir quand on a été pris en otage par l'ombre de la mort ? Ce poids, porté si tôt, ne prédispose-t-il pas à secourir et à assister d'autres êtres malades ou en difficulté ?

Le décès d'un parent avant l'âge « normal » provoque souvent de lourds traumatismes. *A fortiori*, la perte prématurée d'une mère pour une fille (si celle-ci est âgée de moins de 20 ans), en particulier suite à un cancer du sein ou de l'utérus, ou en cas de mort en couches, affecte lourdement le rapport au féminin de la jeune fille. Comment être femme et mère sans appréhension, et surtout sans culpabilité, après un tel drame ?

Quant à l'enfance des filles et fils de père alcoolique, elle doit beaucoup au barrage que leur mère a mis en place pour les protéger : contenir les crises de son mari, prendre les coups à la place de ses gosses, quitter le foyer avec eux, etc. Les loyautés qui s'ensuivent relèvent d'un schéma classique : « Mes choix au quotidien me conduisent à en baver comme maman autrefois, à mon niveau. » La vie des enfants de mère alcoolique (ou sujette à toute autre addiction) n'a pas été non plus un ravissement. Ils ramassaient les canettes, récupéraient les bouteilles cachées, suppliaient leur mère de se faire aider, en vain. Certains dissimulaient la « maladie » à la famille, à l'école, aux assistantes sociales susceptibles de se rendre à leur domicile. Ces jeunes « gardes-malade » savaient aussi qu'ils risquaient de se retrouver placés en foyer d'accueil, séparés de leur maman et de leur fratrie. Incapables de l'envisager, et sans même qu'on le leur ait demandé, ils se sont retrouvés « parentalisés », quelquefois dès l'âge de 5 ans. Destinés à alléger le fardeau de ceux qui les avaient mis au monde, ils ont appris l'autonomie bien trop tôt et, surtout, ils ont été spoliés de leurs vertes années.

Le sort des enfants de mères dépressives n'est pas plus enviable… Durant les périodes « noires », parfois appelées « migraines », maman s'enfermait des heures durant dans sa chambre, avec la consigne de ne pas être dérangée, mais surtout celle de gérer la maison à sa place.

En définitive, marqués à vie par l'ombre funeste qui planait en permanence au-dessus de leur tête, ces soignants de la première heure ont vu différentes voies s'ouvrir à eux (liste non exhaustive) :

- passer leur temps en dépression ou être victimes d'une addiction (pour rester en lien symbolique avec leur parent) ;
- se jurer qu'ils feront le contraire, réussir un parcours sans faute, puis découvrir que leur partenaire « bascule » au bout de quelques années, ou tomber eux-mêmes en dépression (ou addiction) à l'âge où leur parent l'a fait ;
- vouer leur vie à aider les autres (en devenant assistante sociale, éducateur, psychomotricien, infirmier, etc.), à sauver un ou une autre en particulier, ou l'un de ses parents jusqu'à son dernier souffle.

D'autres postures mortifères se rencontrent aussi fréquemment : porter la tristesse d'une mère orpheline, ne rien s'autoriser par respect du deuil inconsolable d'un parent, être « enfermé dans la crypte » avec un défunt… Elles correspondent à des réalités transgénérationnelles longuement développées dans d'autres ouvrages[1].

Les loyautés transgénérationnelles

Parfois, vos déboires trouvent leur origine au-delà de la génération précédente. Il arrive qu'ils remontent à vos grands-parents, voire à vos arrière-grands-parents, en lien direct avec eux ou avec un scandale qui a éclaboussé leur histoire.

1. Cf. par exemple *Les Fantômes du passé, Comment les deuils familiaux influencent notre vie,* d'Élisabeth Horowitz (Dervy, 2005).

La lignée des femmes se caractérise par une série d'événements subis ou décidés, liés spécifiquement au féminin, parfois récurrents de génération en génération : incestes, abandons, enfants conçus hors mariage ou décédés, infidélités, filles-mères, etc. L'impact de ces drames a pu prendre une importance capitale à une époque où le « qu'en dira-t-on » et l'image sage, voire pieuse, qu'il fallait véhiculer, structuraient la société.

En tant qu'homme, vous devriez vous interroger sur votre père, votre grand-père voire votre arrière-grand-père paternels, particulièrement si, à chaque génération, une mésaventure particulière se reproduit (suicide, perte de fortune, abus...). Les abandons, infidélités, tromperies (de part et d'autre) ou, à l'inverse, les castrations séculaires pèsent plus que vous ne le croyez sur votre masculin, à savoir votre place d'homme aujourd'hui.

La transmission implique quelques héritages avec lesquels vous devez composer. La plupart du temps, vous ignoriez jusqu'à leur existence. Désormais, vous allez mener l'enquête, traquer l'information, pour identifier ce que vos ancêtres vous ont légué...

Rassemblez vos souvenirs ou demandez à vos proches encore vivants de vous conter ce qu'ils savent de votre famille, de son histoire. Concentrez-vous sur la destinée de vos parents, grands-parents et arrière-grands-parents. Vous pouvez ainsi dessiner votre lignée maternelle en tant que femme (mère, grand-mère et arrière-grand-mère) ou paternelle en tant qu'homme (père, grand-père et arrière-grand-père). Notez les jours et années importants, de façon à tenir compte des dates anniversaires[1]. Si vous avez été adopté, votre investigation concerne aussi bien les parents adoptifs que biologiques, à partir de ce que vous savez d'eux. Si vous avez été placé, choisissez la ou les deux familles d'accueil qui ont le plus compté pour vous.

Cette enquête n'est pas simple, et vous pourriez avoir besoin de l'aide d'un spécialiste de la psychogénéalogie ou des constellations familiales[2]. Cette démarche vise à vous faire prendre conscience de potentielles répétitions transgénérationnelles. Maintenant que vous avez intégré la notion de « loyautés », vous devriez pouvoir en repérer quelques-unes à partir des événements importants de votre histoire familiale.

Faire le point sur mes propres loyautés

À l'issue de votre réflexion, décrivez vos éventuelles loyautés et précisez chacune d'elles à l'aide des questions suivantes : à qui s'adressent-elles et comment s'exercent-elles ? Quels sacrifices ont-elles généré et dans quels domaines ? Quels rouages secrets se dissimulent derrière vos galères ? Une fois que vous avez mis vos idées au clair, écrivez la synthèse de votre introspection.

1. À ce propos, voir *Aïe, mes aïeux !* d'Anne Ancelin Schützenberger (Payot, 2007).
2. Méthode de thérapie familiale transgénérationnelle, mise au point dans les années 1990 par Bert Hellinger, (ancien prêtre allemand devenu psychothérapeute). Cette technique se fonde sur la mise au jour de l'inconscient familial grâce à des jeux de rôles et psychodrames, qui auraient le pouvoir de résoudre les conflits. B. Hellinger a découvert cette méthode avec Théa Schönfelder. Il s'est aussi inspiré des travaux d'Éric Berne sur l'analyse transactionnelle et les scénarios de vie.

Exemple au féminin : « Je porte la malédiction de la lignée des femmes ; chaque aînée est célibataire et je suis la première-née. Je choisis donc des chéris mariés, pour être certaine de ne pas m'engager. »

En tant qu'homme, vous pourriez dire par exemple : « Mon père était soumis et castré. Je suis loyal à mon grand-père, un coureur de jupons. Il a fait un enfant hors mariage et je m'identifie à lui. Je mène une double vie depuis dix ans et je ne parviens pas à choisir entre mon épouse et ma maîtresse. »

Chapitre 7

Pourquoi suis-je bloqué alors que j'ai tout compris ?

Sortir de vos sacrifices

Puisque vos loyautés ne profitent à personne et ne réparent ni votre enfance, ni celle de vos ascendants, qu'est-ce qui vous empêche d'en sortir ? Il est temps de revenir au point de départ : votre souffrance. Intellectuellement, vous le savez, vous immoler ne sert à rien. Quelles que soient vos actions, le passé ne peut être changé. De surcroît, ce que vos parents ne vous ont pas donné, ils ne vous le donneront jamais.

Cependant, sortir des loyautés autour desquelles vous vous êtes structuré vous déstabiliserait. Faire couple avec votre automaltraitance vous mobilise et rend votre vie plus intense. Exister à travers la rengaine que vous connaissez bien vous renvoie au modèle pour lequel vous avez été programmé.

À qui auriez-vous peur de faire de l'ombre, de qui craindriez-vous la jalousie, si vous vous autorisiez à rayonner ? Probablement de l'un des membres de votre famille. Entrer dans le moule imposé, faire le sherpa, telles étaient les conditions de votre existence. Il vous a été signifié que, si vous n'obtempériez pas, toutes les malédictions du monde s'abattraient sur vous. Vous avez cru, et c'est humain, que vous n'aviez pas le choix. Et si vous étiez parmi les plus récalcitrants, votre rébellion vous a coûté cher : vous vous êtes usé à « faire contre », à vous opposer systématiquement à ces injonctions. Vous libérer briserait la malédiction familiale et signifierait que vos loyautés ne vous « tiennent » plus.

Des parents cloîtrés dans leurs propres tragédies

Vos parents ne s'autorisaient pas le plaisir. Ils connaissaient le travail, et rien d'autre. Et quand l'un d'eux s'accordait le droit de « jouir », c'était souvent au détriment de la cellule familiale. Généralement, ils restaient figés face aux difficultés, comme si courber l'échine devant les coups du sort faisait partie de leur « programmation ». Pourquoi votre arrière-grand-mère maternelle s'est-elle confinée, dès l'âge de 30 ans, dans son statut de veuve éplorée ? Et pourquoi votre grand-mère, abandonnée au même âge avec ses trois enfants, s'est-elle contentée du premier qui voulait bien d'elle pour donner un père à sa progéniture ? Quitte, naturellement, à en payer le prix : alcoolisme, violence ou inceste…

Que vos parents se soient merveilleusement comportés ou qu'ils aient agi avec maladresse et injustice, ils vous ont élevé à l'aune de leurs propres conditionnements. Le temps a passé, les mœurs ont évolué et, habituellement, chaque génération bénéficie d'un climat plus clément que la précédente. Pour autant, il reste comme un arrière-goût des tragédies passées, qui s'appelle la loyauté. Selon le montant de la dette et la hauteur de la culpabilité, celle-ci peut générer différents types de sacrifices. Ce phénomène prouve à ceux qui comptent tellement pour vous que vous leur ressemblez : à votre niveau, vous traversez les mêmes affres qu'eux, dans l'espoir d'obtenir leur reconnaissance.

Qu'est-ce que le besoin de reconnaissance ?

Trois « A » conditionnent votre vie : Amour, Approbation, Admiration. Ils correspondent à ce que la plupart des humains recherchent. L'amour soi-disant inconditionnel de vos parents aurait dû faire partie de votre corbeille de naissance. Imaginons qu'un accueil tendre, bienveillant et empathique vous ait été réservé. Vous auriez alors coulé des jours heureux, dignes d'un film de Walt Disney. Votre famille aurait ressemblé à celle de *La Petite Maison dans la prairie*, dans une version adaptée à votre histoire et à votre milieu d'origine. Vous auriez été encouragé dans vos projets. Chacun aurait trouvé sa place et aurait tissé un lien privilégié, unique, avec des parents « suffisamment bons[1] » pour que nul n'ait déclaré de jalousie excessive à l'égard des autres.

Cette acceptation totale de vous renvoie naturellement à la notion d'approbation ; en d'autres termes, au fait de vous sentir soutenu en permanence, quelles que soient la lenteur ou la difficulté de vos

1. Cf. *La mère suffisamment bonne*, Donald Winnicott, Payot & Rivages, 2006 (textes écrits entre 1956 et 1966).

apprentissages. Si vous avez eu la chance de bénéficier de cette attention fort rare, vous l'incarnerez à travers un quotidien fluide et limité en galères. Malheureusement, loin des contes de fées, vous avez été jugé, comparé, dénigré, ou considéré seulement si vous correspondiez au rôle que l'on voulait vous assigner. Dès lors, les soumis ont ravalé leurs exigences et se sont mis au service du clan familial, tandis que les rebelles se sont construits dans l'opposition, personne n'y trouvant son compte, bien entendu.

Depuis, vous cherchez chez l'autre, les autres, ce que vous n'avez pas reçu, et la dernière personne susceptible de vous le procurer est précisément celle dont vous attendez le plus de reconnaissance, quel que soit le domaine concerné. À chaque fois, naturellement, vous faites tout pour être aimé et respecté, dans l'objectif d'occuper la première place.

Avancer dans votre propre parcours

Avant tout, vous devez abandonner l'utopie de réparer l'enfance blessée de vos parents. De même, personne ne sera jamais à même de réparer la vôtre. Vous pourrez aller de partenaire en partenaire, de job en job, de réunion de famille en réunion de famille, créer un nouveau cercle d'amis tous les deux ans, vous acheter le meilleur matériel hi-fi au monde ou posséder une collection de chaussures incomparable, le vide abyssal issu de la tristesse de l'« enfant blessé » vous fera toujours prendre des vessies pour des lanternes, tant que ce « petit » ne sera pas écouté ! En d'autres termes, vous continuerez de voir le monde du haut de vos 5 ans (plus ou moins) et pas du point de vue de l'adulte réfléchi et lucide.

L'enfant abîmé, tapi à l'intérieur, vous submergera toujours et demandera encore et encore son dû, à savoir la reconnaissance que vous ne lui donnez pas et que vous allez chercher ailleurs, vainement…

Votre programmation vous prédispose à recevoir un « NON » massif (« Reste à ta place, ne demande pas ! » ou « Quoi que tu fasses, tu n'obtiendras rien ! »). Alors, pourquoi ce nouveau directeur commercial, cette nouvelle chérie se présenteraient-ils avec la pancarte « Tu m'as appelé(e), je suis venu(e) pour toi » ? C'est comme si, à l'instar de Valérie, vous jetiez votre enfant en pâture une seconde fois à des êtres pas plus doués que vos parents ne l'étaient, au lieu de le prendre en charge vous-même… En définitive, par le biais de vos sabotages, vos relations irrespectueuses ou vos interactions compliquées, vous vous faites revivre exactement les mêmes mécanismes que ceux que vos parents vous faisaient subir, le plus souvent sans le désirer ni même le calculer. Vous en avez l'habitude et vous savez comment les appréhender. Ils vous semblent préférables, et de loin, au risque de l'inconnu : recevoir (enfin) ce dont vous avez été privé !

Et quand vous n'utilisez pas un tiers pour vous flageller, vous vous débrouillez fort bien tout seul. L'autosabotage consiste à s'infliger à soi-même des maltraitances qui rappellent celles reçues autrefois. Par exemple, lorsque vous procrastinez, vous vous trouvez sous une contrainte (renvoyer le dossier, remplir les papiers) qui pourrait rappeler l'exigence de l'un de vos parents, voire des deux.

Si vous êtes rebelle, vous cherchez naturellement à transgresser, donc vous prenez la tangente d'une manière ou d'une autre : tout plutôt que de vous exécuter, vous mettre à votre bureau, répondre aux courriers ! Une fois rattrapé par votre négligence, les difficultés à affronter ces petites ou grosses tracasseries vous replongent dans les angoisses bien connues de ces temps, pas si lointains, pendant lesquels il valait mieux exister dans le conflit, le rejet ou la souffrance, que pas du tout. Vous y trouvez votre compte : vous éprouvez à nouveau le stress que vous connaissez bien, qui pour vous s'apparente à la norme, et revient à rembourser votre dette.

Si vous êtes soumis, votre espace d'évasion consistera à déroger légèrement aux règles habituelles (oublier un rendez-vous, faire une sieste trop longue qui explose votre agenda, procrastiner aussi). Ces mini-transgressions vous donnent l'illusion de ne plus être un gosse pieds et poings liés devant sa mère : vous êtes plutôt fier de vous ! Par ailleurs, l'endroit du sabotage (quel que soit le domaine concerné) est celui qui, paradoxalement, vous relie au parent auquel vous êtes loyal. Cette situation peu glorieuse (faire profil bas, vivre « petit », rester bloqué et voir le temps passer sans que rien ne change) vous permet en effet de « calmer le dragon » de la dette.

Derrière vos points faibles se dissimulent vos sacrifices, donc les loyautés qui les sous-tendent. Et, plus loin encore, le besoin de reconnaissance qui les justifient. Il est temps de passer à l'étape suivante. Remplissez le tableau ci-dessous pour savoir où vous situez votre besoin de reconnaissance.

De qui suis-je le plus en attente de reconnaissance ?

Dans chaque ligne, écrivez les noms des personnes dont l'opinion compte pour vous et dont vous vous sentez dépendant.

Pour vous aider, demandez-vous par exemple : « Est-ce que je m'apprête spécialement pour les rencontrer ? », « Est-ce que j'attends qu'ils remarquent ma nouvelle coupe de cheveux, mon nouveau vélo ou ma nouvelle voiture ? », « Est-ce que je les flatte en espérant qu'ils me le rendront ? », « Est-ce que j'en fais beaucoup pour qu'ils me congratulent ? », « Ai-je l'impression de donner énormément pour recevoir peu ? ».

Pour finir, surlignez dans la couleur de votre choix les personnes dont l'opinion compte le plus pour vous, puis classez celles-ci par ordre décroissant d'importance.

	Personnes
Membres de ma famille	
Champ relationnel proche	
Relations de travail	
Amis	

Dans la foulée, remplissez aussi le tableau ci-dessous.

Je sors de ma dépendance au besoin de reconnaissance

Dans la première ligne, reportez les noms des trois personnes dont l'avis compte le plus pour vous, selon les résultats de l'exercice précédent. Ensuite, complétez le tableau.

- Son attitude : comment cette personne se comporte-t-elle pour que je sois en mode « demande » (mépris, distance, humiliation, indifférence, politesse forcée, fuite) ?
- Mon ressenti corporel : comment mon corps réagit-il face à l'attitude de la personne (nuque bloquée, jambes en coton, papillons dans l'estomac, « coup de hache » dans le cœur, etc.) ?

- Mes réactions : je souris, je me drape dans ma dignité, je baisse le regard, je m'applatis, je rougis, etc.

Nom de la personne			
Son attitude			
Mon ressenti corporel			
Mes réactions			

Que se passerait-il si vous sortiez de vos blocages ?

En toute logique, vous autoriser à jouir donnerait malheureusement au parent concerné le droit de reformuler son exigence. Alors, bizarrement, votre besoin de reconnaissance vous piège dans une double contrainte. Pour être reconnu, il faudrait avoir remboursé la dette, mais c'est impossible ! À défaut, vous sacrifier jour après jour vous donne l'illusion de rembourser d'une autre façon, la vôtre. Vous atténuez ainsi non seulement votre impuissance, mais aussi votre culpabilité.

Mais si l'un de vos parents s'est déchargé sur le sherpa que vous avez été, comment voulez-vous qu'il vous regarde avec bienveillance, alors même que vous portez un fardeau dont il s'est définitivement délesté ? Vous lui remémorez ce qu'il cherche à oublier ! On touche là à une subtilité paradoxale : tout ce que vous faites pour être aimé, l'autodestruction quasi scientifique de votre vie, dont l'objectif était de montrer au parent aimé à quel point vous partagiez sa peine, produit l'effet inverse… Plus vous vous identifiez à la part de lui qu'il honnit, plus il vous tient à distance. Il ne veut surtout pas se souvenir du cadeau empoisonné qu'il vous a fait, dans la mesure où il vit davantage en paix depuis... Vous lui demandez une reconnaissance qu'il est incapable de concéder puisque, ce faisant, il perdrait son meilleur sherpa. De plus, quel membre de votre famille aurait intérêt à se passer de vos talents de médiateur, de confident, de conseiller ou de « gentil organisateur » ? Alors, tous les coups sont permis pour freiner votre départ : chantage, culpabilisation, fâcheries, dépression, refus de se soigner.

Si vous admettez que vous n'occupez pas la place souhaitée (par excès ou par défaut) et que cette reconnaissance désespérément attendue ne vous sera jamais accordée, si vous comprenez que l'attitude du sherpa ne vous apportera plus rien désormais, peut-être êtes-vous prêt au changement ? Vous doutez encore ? Le défi vous paraît trop lourd à relever ? Alors songez que si vous ne renoncez pas à rembourser votre « dette d'abus » (impossible à honorer), vos enfants se sacrifieront peut-être eux aussi, parce qu'ils ne savent pas vous rendre heureux. Par ailleurs, si vous poussez l'abnégation jusqu'à la solitude affective, au point de ne pas avoir d'enfants alors que vous en souhaitiez, demandez-vous qui vous tiendra la main quand viendra l'heure de votre dernier souffle... Vos neveux et nièces, votre amie d'enfance, un visiteur en soins palliatifs à l'hôpital ?

TROISIÈME PARTIE

Je me soigne

Chapitre 8

Comment agir pour faire changer les choses ?

Je décide de transformer ma vie

Vous l'avez compris, vos galères résultent de sabotages et sacrifices derrière lesquels se cachent des loyautés. Vous en êtes conscient, vous avez en partie généré ce que vous avez traversé, et vous avez souffert inutilement dans votre vie d'adulte. Quels que soient votre âge, votre éducation, votre parcours, les domaines dans lesquels vous ne vous autorisez pas à occuper votre place, vous désirez profondément une existence à la fois plus pleine et plus légère.

D'autres, avant vous, se sont immolés longuement sur l'autel du désir de leurs mère, partenaire, patron et amis. Gouvernés par leurs loyautés, ils se sacrifiaient, à défaut d'avoir pu atténuer la peine de leurs parents. Jusqu'au jour où ils ont eu le déclic : ils ont établi un diagnostic et pris la décision de se soigner. Ils ont suivi le protocole que vous êtes, vous aussi, invité à découvrir, pour vous défaire de votre mal.

À ce stade, vous avez le choix : vous confiner dans votre zone de confort et continuer à vous saboter, ou adopter résolument une autre façon de vous comporter. Autrement dit, rester dans la fermeture et voir « petit », ou alors vous ouvrir, voir grand, large, sans limites… Vous seul pouvez prendre cette décision, qui représente une étape essentielle dans votre transformation. Voulez-vous vraiment en sortir, êtes-vous prêt à changer ?

Avant de donner votre réponse, prenez le temps de réfléchir, de ressentir les choses. Ce choix, si vous l'assumez, modifiera votre vie pour toujours. Ne croyez pas pour autant qu'il y aurait moyen de s'engager au rabais. Vous devez foncer, mettre toute votre énergie au service du changement, vous impliquer totalement ! Que voulez-vous : vivre ou survivre ?

Pour ôter vos derniers doutes

1. Prenez une feuille A4 et pliez-la en deux.
2. En haut à gauche, écrivez « Avant ». Au-dessous, listez tout ce qui n'allait pas dans tous les secteurs de votre vie, sans rien omettre : lâchez-vous !
3. À droite, en face de chaque proposition, notez sinon l'opposé, du moins la version positive de ce que vous désirez. Par exemple, « J'étais à la botte de ma mère et de ma grand-mère » devient « Je suis à mon propre service, je dispose de mon temps et je choisis à qui je le consacre ».
4. Une fois la feuille remplie, découpez la partie gauche, brûlez-la au-dessus des toilettes et tirez la chasse : symboliquement, vous avez incinéré et noyé le passé inscrit sous le signe du sabotage.

5. Maintenant, synthétisez l'autre partie pour obtenir quelques « commandements ». Photocopiez-les et collez-les à des endroits stratégiques, en fonction de votre mode de vie : ordinateur, frigo, porte des toilettes, agenda... Vous aurez ainsi en permanence sous les yeux les points clés de votre programme.

Cette fois-ci, ça va marcher !

Vous avez hâte de passer à l'action ! Pourtant, ce ne sera peut-être pas la première fois que vous prenez de bonnes résolutions... Par le passé, n'avez-vous pas déjà essayé de changer vos comportements, votre environnement ? Et malgré tous vos efforts, vos espoirs et les différentes stratégies déjà explorées, n'avez-vous pas, la plupart du temps, échoué ?

Pourquoi vos tentatives antérieures de changement n'ont-elles pas réussi ?

Vous avez passé votre vie à tenter d'en influencer le cours, et avez probablement testé de nombreuses méthodes. Depuis quelques années, beaucoup d'approches, auparavant réservées à une minorité d'initiés, sont accessibles au plus grand nombre, dans les livres mais aussi sur Internet, par le biais de vidéos – et, très souvent, gratuitement. Vous avez donc lu moult ouvrages et textes. Vous avez peut-être participé à des initiations, des ateliers et même des stages (PNL, pensée positive, méditation, etc.) ? Vous assistez à un cours de yoga chaque semaine et vous vous promenez partout avec votre tapis ?

Si vous avez suivi des formations (psychothérapies comprises), vous avez probablement réglé, espérons-le, certains gros conflits, appris à refuser des situations dans lesquelles vous ne vous respectiez pas. Vous avez amélioré les relations tant avec votre famille et vos amis, qu'avec la société en général. Pourtant, vous ressentez encore de la frustration, vous vivotez, vous avez renoncé à une partie de vos rêves et, malgré l'image que vous essayez de renvoyer, vous savez bien que vous n'allez pas si bien... Sans doute éprouvez-vous encore beaucoup de souffrance et de manques...

Les outils, vous l'avez compris, ne constituent pas la seule clé de la réussite ! Sinon, il suffirait à quiconque d'utiliser ces techniques pour s'épanouir automatiquement. Pourquoi le travail déjà accompli sur vous-même ne vous a-t-il pas apporté l'ataraxie[1] souhaitée ? Peut-être vous êtes-vous contenté d'un face-à-face d'une décennie, avec un thérapeute ou un prêtre rassurant, à l'écoute bienveillante ? Peut-être n'aviez-vous pas envie de lui faire du mal en annulant votre rendez-vous hebdomadaire, même si vous ne progressiez plus depuis longtemps ? Devait-il installer des doubles vitrages à son cabinet, nourrir sa famille ? Il se peut qu'il ait eu tout intérêt à vous fidéliser durant de longues années. Dans un autre ordre d'idée, ne seriez-vous pas tombé sur un psy manipulateur, qui vous menaçait ou vous culpabilisait lorsque vous émettiez le désir de partir, à l'image de votre mère ?

Par ailleurs, avez-vous commencé en douceur ou avez-vous sélectionné des programmes susceptibles de vous bousculer ? Êtes-vous sorti de votre zone de confort en participant à des groupes qui vous mettaient davantage en danger ? Et, au cœur même du groupe,

1. Quiétude absolue de l'âme, idéal du sage selon l'épicurisme et le stoïcisme.

vous êtes-vous impliqué ? Avez-vous pris la parole ? Ou bien vous êtes-vous terré dans un coin, dans l'espoir que l'on ne vous remarquerait pas ? N'auriez-vous pas saboté certains stages ? Peut-être avez-vous avancé, mais pas aussi loin que vous auriez pu… Vous vous êtes donné bonne conscience, vous avez travaillé sur vous, et vous vous êtes sans doute débrouillé pour ne pas créer de révolution dans votre quotidien. Une prise de risque plus importante aurait néanmoins permis d'ouvrir des portes et d'accéder à des mondes que vous n'avez pas eu hâte de visiter !

Vous n'êtes plus un enfant impuissant…

Aujourd'hui, en tant qu'adulte, vous avez une conscience, une relative autonomie, la possibilité de vous faire aider, des outils et, surtout, un défi : celui de passer les prochaines dizaines d'années en paix avec vous-même, à occuper votre juste place dans un environnement serein, en phase avec le mode de vie qui vous sied.

Votre attitude actuelle découle du rôle sur mesure que vous avez accepté dans le passé. Vous étiez bloqué dès lors que vous projetiez votre père, votre mère ou tout autre membre du clan familial sur des personnes de votre entourage. Si celles-ci faisaient figure d'autorité (patron, institution), vous vous êtes soumis ou rebellé, selon votre penchant naturel. Prisonnier d'anciennes émotions, vous leur avez conféré le pouvoir de vous perturber. Dénués de toute intention, ceux-ci ont provoqué en vous des réactions qui appartiennent au petit garçon ou à la petite fille d'autrefois. Bien que ces comportements n'aient plus lieu d'être, ils vous plongent brutalement dans les traumas d'hier, sans filet de sécurité, comme s'il existait une coupure invisible entre l'adulte et l'enfant blessé. Heureusement, l'adulte que vous êtes devenu a son mot à dire.

Pour vous en convaincre, vous devez d'abord en prendre conscience et ensuite « reprogrammer » votre cerveau. Cette évolution passe par la répétition de nouveaux comportements, et par un regard différent sur vous-même et votre « enfant intérieur ».

Cela demande un certain courage ; pour autant, le résultat en vaut la peine. Il arrive un moment où s'impose le fait de sortir de votre tête et des pensées qui s'y pressent... Vous êtes en effet « séquestré » par vos conditionnements : si vous ne passez pas à l'action, rien ne changera ! Voulez-vous « nourrir la bête » (la résistance qui cherche à terrasser vos velléités de liberté) et repartir pour de nouvelles galères ? Non, n'est-ce pas ? Alors, action !

Je me prépare à évoluer

Première étape : j'écris

Couchez votre objectif sur le papier. Fixez une date de réalisation, par exemple : « Je travaille comme directrice de communication le 1er juin 2016. » Décrivez ensuite plus précisément le poste, le bureau, l'environnement, la distance entre votre domicile et votre lieu de travail, comme si vous occupiez déjà ces fonctions depuis un certain temps, et uniquement en termes positifs. Parallèlement, rédigez sur le même modèle des lettres pour les autres domaines de votre vie dans lesquels vous souhaitez évoluer : famille, amis, amours, lieu de vie, etc.

Cette projection dans le futur vous pousse à préciser ce que vous voulez vraiment. Parfois, en décrivant le repas de famille idéal, avec la sœur enfin souriante et le beau-frère soudain charmant, vous réalisez que, finalement, cette perspective ne vous émoustille plus autant... De fait, derrière le fantasme d'une famille de conte de fées se dissimule, encore et toujours, un besoin de reconnaissance.

Cet exercice vous permettra aussi de traiter vos objectifs par ordre de priorité.

Deuxième étape : je visualise

Visualisez-vous dans votre nouvelle fonction. Comment vous sentez-vous assis au bureau dépeint précédemment ? Regardez la pièce, les autres meubles, installez-vous confortablement à l'intérieur de cette vision et respirez-en l'atmosphère. Vous êtes détendu, vous vous sentez à votre juste place. Vous avez déposé vos lourdes valises, vidé le sac à dos qui vous écrasait du poids de vos ancêtres, allégé votre âme, votre corps, et plus encore. Le stress ne fait plus partie de votre quotidien, et vous souriez beaucoup plus souvent.

De la même manière, si vous rencontrez quelques soucis lors des fêtes de famille, projetez-vous le soir de Noël. Qui est avec vous, comment est disposé le sapin ? Observez la table : la nappe, la vaisselle offerte pour les quarante ans de mariage de vos parents, l'odeur du rôti, le visage de votre père, la mine satisfaite de votre mère, trop heureuse de vous accueillir en ce jour sacré...

Dérouler ces films positifs vous force à sortir de la complaisance et des marécages de pesanteur dans lesquels vous avez parfois tendance à vous perdre. De ce fait vous vous « programmez » aussi pour des perspectives plus joyeuses que vos automatismes d'antan.

Troisième étape : je planifie

Il ne vous reste plus qu'à écrire le déroulé de votre projet et à planifier les actions à accomplir pour le mener à bien. Comment allez-vous vous y prendre, dans quel ordre, à quel rythme, selon quelles étapes ? Où, quand, comment, avec qui, quels outils ? Telles sont les questions auxquelles vous devez répondre pour élaborer un plan d'action.

J'établis ma première « ordonnance »

Naturellement, vous allez mettre en pratique certaines propositions de ce livre. Cela ne vous dispense pas de vous faire aider, en fonction du travail à accomplir, de votre éventuelle résistance au changement et des traumas subis.

Je me documente

Cherchez des informations quant à votre projet, comme s'il s'agissait de vous acheter la voiture, le vélo, la moto ou la robe idéale pour le mariage de votre sœur.

Passez du temps à enquêter sur Internet. Surfez, comparez, abonnez-vous aux newsletters. Interrogez les personnes qui ont effectué des démarches similaires. Étudiez toutes les possibilités, dans votre pays comme à l'étranger.

Je me fais aider

La plupart des techniques de développement personnel apportent un mieux-être. Dans le monde occidental, elles ont tendance à supplanter la psychanalyse, passée de mode : seule la France, irréductible village gaulois, reste le dernier bastion de résistance !

Certes, l'approche psychanalytique structure par sa régularité, ses règles, sa durée. Toutefois, elle reste délibérément dans le concept, l'explication, le mental. L'expérience sur le terrain révèle que, une fois la logique du conflit, du problème ou du blocage identifiée, il ne sert à rien de la ruminer et de tourner autour de l'enfance indéfiniment. Au contraire, bien loin de cette masturbation stérile, il s'agit d'intégrer cette information dans le corps pour déprogrammer le vieux conditionnement, et laisser la place à de nouveaux comportements. Or, seules les approches psychocorporelles déclenchent ce mouvement.

Actuellement, une nouvelle génération de *coachs* et thérapeutes arrive à maturité. Ils maîtrisent de nombreuses techniques récentes et obtiennent assez rapidement de bons résultats, sur un large spectre de problématiques.

Pour optimiser le travail sur vous-même, il semble important de vous faire aider à bon escient. Analyser soi-même ses dysfonctionnements relève d'une mission presque impossible. Souvent, vous vous racontez une histoire. Vous croyez que vos blocages proviennent d'une situation sur laquelle vous « travaillez » depuis des années. Un bon *coach* vous aidera à mieux vous comprendre et vous montrera peut-être que votre vrai blocage est ailleurs.

Comment savoir si vous avez trouvé la bonne personne pour vous accompagner ? En règle générale, si au bout de cinq séances, rien ne se passe, posez-vous des questions… À l'opposé, si le psy ou le *coach* vous convient, retournez le voir environ une fois par mois pour valider vos avancées, ne pas lâcher et vous faire un peu booster !

J'élabore ma stratégie

Il s'agit de choisir vos pratiques en conscience, d'utiliser les outils non au hasard, mais avec sagesse, de les adapter sans cesse, pour qu'ils vous mènent là où vous désirez aller. Ainsi, vos décisions proviennent d'une véritable réflexion, portée par une perspective claire : vous ouvrir et vous permettre d'occuper votre juste place. Quels que soient vos blocages, suivre votre nouvelle route vous amène à vous sentir plus fort.

Pour mettre au point votre stratégie, posez-vous des questions sur l'adéquation entre ce que vous faites et là où vous désirez aller. Par exemple, en termes de pratiques personnelles :

- Ai-je une pratique quotidienne d'un outil de développement personnel ? Si oui, est-ce que je sens qu'elle m'aide à avancer vers un mieux-être ? Sinon, quelles pratiques solitaires (méditation, réflexion) pourrais-je adopter pour optimiser mon évolution au quotidien ? Quand est-ce que je commence ?
- Quelles sont les pratiques régulières (hebdomadaires, etc.) et en groupe qui servent mon cheminement ? Sont-elles encore adaptées pour aller là où je le désire ? Comment puis-je les faire évoluer de manière à ce qu'elles servent au mieux mon projet ?
- Ai-je déjà fait des stages intensifs ? De quels stages ai-je besoin maintenant pour passer au cap supérieur dans ma vie ? Quand est-ce que je m'inscris ?

D'une manière générale, veillez à l'équilibre entre les pratiques personnelles et quotidiennes (méditation, yoga, trampoline, etc.), les pratiques régulières en groupe une à deux fois par semaine (ateliers psychocorporels, cercles de parole, etc.) et les stages en immersion, sur un week-end ou une semaine, pour aller au-delà de ce que vous croyiez possible.

Je sélectionne mes activités

Dans l'absolu, vous pourriez travailler l'équilibre du masculin et du féminin en vous, suivre des constellations familiales pour rompre avec les missions transgénérationnelles, entrer en contact avec votre enfant intérieur, ou encore vous former à l'une des nombreuses techniques efficaces de développement personnel.

Toutefois, évitez de suivre un cours de théâtre si vous avez besoin de réinvestir votre masculin, et n'apprenez pas à mieux communiquer si vous passez votre temps à tout décortiquer et que vous n'habitez pas (encore) votre corps !

De même, ne multipliez pas les séances isolées de yoga, tango ou chant, alors que vous auriez besoin de stages résidentiels intensifs pour bouger. C'est en effet dans ce type d'occasion que vous pourriez avoir un déclic, un *insight*[1], et renoncer pour toujours à certaines habitudes.

Face à une offre prolifique, allez à l'essentiel : sélectionnez bien les ateliers auxquels vous participerez, pour éviter de vous perdre et de tourner en rond. N'hésitez pas à téléphoner aux animateurs pour voir si leurs propositions vous conviennent. Interrogez des personnes

1. En psychologie, découverte soudaine de la solution à un problème, sans passer par plusieurs essais-erreurs progressifs.

qui ont suivi des semaines intensives, sachant que chaque ressenti est personnel et qu'une même session peut susciter l'enthousiasme comme la déception.

Je choisis les outils adaptés à ma problématique

Chacun est unique et chaque parcours est singulier. Cependant, quatre types de problématiques se retrouvent chez la majorité des individus. Elles se déclinent dans l'excès ou la nuance et, parfois, se cumulent.

Je me prends trop la tête

À force de se masturber le cerveau et de ne rien lâcher, certains se noient dans l'obsession de la compréhension, avec ou sans psy. Comprendre semble nécessaire pour avancer mais, une fois que vous avez donné du sens à vos galères, il s'agit de faire passer l'information à votre corps.

Privilégiez les approches corporelles comme le *mindfullness*. Vous laisserez ainsi filer les pensées et apprendrez à ne pas vous complaire dans une mauvaise image de vous-même. Vous pouvez aussi opter pour la biodanza, la danse médecine, le contact impro ou la danse des cinq rythmes. Rien ne vous empêche d'explorer des pistes différentes et complémentaires. Pendant ces ateliers, écoutez votre corps et ce qu'il vous dit face aux participants qui vous inspirent ou vous indisposent. Vous obtiendrez ainsi l'information positive ou négative dont vous aurez besoin pour prendre une décision importante, à l'égard de personnes avec lesquelles vous pourriez nouer une relation dans la vie professionnelle ou affective.

Je suis collé aux injonctions reçues

Soumis ou rebelle, vous avez eu du mal à trouver votre place ? Vos loyautés concernent essentiellement la manière dont vous vous êtes identifié à ce que papa, maman ont dit ou fait ?

Si votre sexualité s'est élaborée dans un climat incestuel auprès de parents post-soixante-huitards, échangistes, libertins, qui vous imposaient leur nudité, leurs amants et maîtresses, il y a fort à parier que votre relation à l'intime n'est pas simple.

Si vous êtes dans l'une de ces situations, ou si vous avez tendance à vous excuser d'exister, les cercles de parole non mixtes, les stages adressés exclusivement à des hommes ou à des femmes[1], vous aideront à trouver le guerrier ou la femme sauvage en vous. Ou la douceur et l'accueil, si vous pensez faire peur aux hommes ou si le machisme correspond à votre seul mode d'expression.

J'ai perdu un être cher et je reste coincé dans la tombe

Votre histoire s'inscrit-elle sous le signe de la perte (migration, décès de proches, maladies mortelles) ? Peut-être la personne concernée était-elle inconsciente au moment de la tragédie et vous n'avez pas pu lui dire au revoir, encore moins recevoir les mots réparateurs qui vous auraient libéré… Elle aurait sans doute souhaité votre bonheur. Pour exprimer ce qui n'a pu être dit ou entendu, privilégiez les approches transgénérationnelles, notamment les constellations familiales.

1. Stages « L'homme libre et la sexualité » et « Le plaisir d'être femme » (Michel Riu et Carmen Enguitta, site lartdelamour.fr). Voir aussi jeuduroi.fr (Dominique Vincent et Marie-Anne Gailledrat) et sexotherapie-paris.fr (Deva Broncy).

J'ai vécu un drame ou subi des violences physiques ou psychiques ponctuelles ou répétées

Vous avez subi de manière réitérée des abus sexuels, physiques, psychologiques ou un important trauma (agression, attentat, accident, viol) ? Optez pour les thérapies spécifiques du trauma : EMDR[1], hypnose, *Somatic Experiencing®*[2], *Past Reality Integration*[3].

Il vous reste aussi la possibilité de (re)donner une dimension sacrée à votre sexualité, d'abord par le biais des groupes d'hommes ou de femmes. Ensuite, envisagez une approche tantrique, à condition de vous respecter et d'éviter la répétition de l'abus dans le cadre d'échanges où vous vous retrouveriez incapable de dire « Non ».

J'opte pour la bonne posologie

Passer à l'action consiste à suivre votre programme sans tergiverser. Selon votre personnalité, vous avez le choix entre l'évolution (une transformation après l'autre, jour après jour) et la révolution (attaquer les problèmes sur tous les fronts en même temps).

1. Nouvelle approche de psychothérapie utilisant la stimulation sensorielle des deux côtés du corps, soit par le mouvement des yeux, soit par des stimuli auditifs ou cutanés, pour une résolution rapide des symptômes liés à des événements passés (voir emdr-france.org).
2. Le concept s'appuie sur la notion de « ressenti corporel » comme « médiateur » permettant d'expérimenter sensations et sentiments, ou d'en prendre connaissance. Ce processus permet de recontacter une forme de « mémoire » enfouie dans le corps (voir apf-somatic-experiencing.com).
3. Créée en 2000 par la psychologue Ingeborg Bosch, cette démarche apprend comment vivre davantage du fond du cœur, par l'amour, en connexion avec soi-même, l'autre et son entourage (voir pastrealityintegration.com/fr/).

Attention toutefois au risque que représente le démarrage concomitant de plusieurs chantiers trop conséquents : la pression engendrée pourrait vous faire baisser les bras rapidement ! La plupart des experts préconisent un processus lent, pour ne pas renoncer en cours de route parce que vous auriez mis la barre trop haut. Cependant, vous seul pouvez appréhender vos limites : dépassez-les progressivement, modestement ; imposez-vous des challenges et remettez-les en question chaque mois.

Quelle que soit votre méthode, adoptez de nouveaux comportements : comme tout est lié, chaque petite victoire dans un domaine se répercutera sur les autres.

Sortir de la dépendance et de la frustration

1. Voici de nouveau le tableau « Je sors de ma dépendance au besoin de reconnaissance », que vous avez déjà rempli au chapitre 7. Refaites l'exercice en étant plus incisif, plus exigeant avec vous-même. Regardez-vous de la même façon les personnes auxquelles vous étiez assujetties récemment ? Non, probablement. Pour autant, vous ignorez quoi faire de cette nouvelle compréhension.
2. Remplissez maintenant la dernière ligne, « Mon action ». Listez vos comportements répétitifs (ex. : ne pas savoir dire « Non », raser les murs, générer des conflits et autres attitudes autodévalorisantes). D'abord, ces comportements anesthésient vos angoisses ; puis, rapidement, vous vous sentez inutile, rejeté et, surtout, vous vous en voulez de ne pas avoir su vous positionner.
3. Choisissez trois de ces comportements et décidez de ne plus les reproduire, quoi qu'il vous en coûte. L'urgence consiste à sortir du besoin de reconnaissance avec ces personnes. Plus tard, vous apprendrez à inverser le rapport de force existant, et à reprendre votre juste place.

Nom de la personne			
Son attitude			
Mon ressenti corporel			
Mes réactions			
Mon action			

Je prends mon traitement

Sachez d'abord que le changement, véritable prise de risque, peut remettre en cause votre équilibre psychique et familial, voire professionnel. Ensuite, la gestion des « dommages collatéraux » à votre démarche va vous demander une énergie importante. Enfin, il va falloir renoncer à la posture sacrificielle qui, malgré tout, vous a apporté jusqu'à maintenant un pouvoir non négligeable.

J'adopte la bonne attitude

J'arrête de ruminer le passé

Il ne sert à rien de disséquer indéfiniment votre histoire. Cessez de vous torturer l'esprit (« J'aurais dû… », « Je n'aurais pas dû… »), d'inventer ce qui ne sera jamais (« Si c'était à refaire… ») et de rester figé dans les erreurs et injustices d'autrefois. Qu'attendez-vous pour tourner la page et vous brancher sur les années à venir ?

Je m'engage !

Si vous transgressez le protocole que vous avez fixé, vous avancerez plus lentement. Suivez ce que vous avez mis en place, utilisez vos ressources, vos aides, et tenez-vous à votre engagement : désormais, vous cessez d'être le larbin ou le *punching-ball* des autres.

Je suis authentique

Tant de personnes se mentent à elles-mêmes pour ne pas affronter la peur de l'échec… Quels que soient vos choix, bons ou mauvais, assumez-les ! Comprenez ce que vous avez fait et, surtout, examinez les émotions réactivées qui se cachent derrière vos ratés : ne vous voilez pas la face, observez pourquoi vous avez failli, sans culpabiliser. Il s'agit plutôt d'être honnête et d'analyser le processus, pour ne pas retomber dans vos anciennes turpitudes.

Je suis humble et je demande de l'aide

Vous craignez d'être jugé, de ne pas répondre aux attentes des autres ? Alors, au lieu de vous faire aider, vous préférez parfois renoncer sournoisement, et vous laisser happer de nouveau par la vie d'avant ?

Cette attitude ne vous apporte aucun bénéfice. De surcroît, si vous êtes trop fier pour vous faire accompagner, votre évolution sera plus laborieuse. Lorsque vous sentez que vos vieux démons reprennent le dessus, acceptez d'avoir besoin des autres : entre votre cercle de parole, votre psy ou votre *coach*, les amis qui vous soutiennent ou s'apprêtent eux aussi à révolutionner leur vie, il existe forcément une solution !

Je reste concentré sur mes objectifs et je lutte contre mes anciens travers

Concentrez-vous sur la vie que vous voulez mener désormais. Que vous vous mettiez des bâtons dans les roues ou que vous alliez de l'avant, vous exploitez les mêmes ressorts, avec la même énergie, alors, autant vous mettre en mouvement !

Plutôt que de vous laisser entraîner dans vos zones d'ombre par la colère, la tristesse, le ressentiment, vos pulsions, votre ennui ou vos manques, utilisez ces « émotions » pour rompre avec votre aptitude naturelle à vous éloigner de votre objectif. Quand l'ombre de l'autosabotage se profile, respirez, bougez, méditez, écoutez de la musique, dansez ; bref, reprenez-vous !

Nourrir une nouvelle obsession – en l'occurrence, votre audacieux projet – et chercher à briser vos pulsions vous aidera à ne pas rechuter. Cela demande du temps et du travail. Accordez-vous patience et bienveillance quand vous fabriquez de nouveaux comportements et laissez filer les anciens.

Je revisite régulièrement mon protocole

Une fois votre objectif atteint, vous découvrirez que d'autres buts s'imposent à vous. Chaque semaine, chaque mois ou lors des changements de saison, faites le point sur ce qui vous convient ou pas, ce qui vous aide à évoluer, ce que vous pourriez améliorer : où en êtes-vous ? Qu'avez-vous négligé par rapport à votre programme ? Qu'avez-vous surinvesti ? Bougez-vous, certes, mais à bon escient ! Si vous investissez votre énergie dans le vide, vous vous donnez l'illusion du mouvement ; pour autant, vous n'avancez pas.

Je persévère en cas de rechute

C'est tellement facile de renoncer ! Vous êtes motivé, mobilisé par la promesse d'en finir avec vos déboires. Vous vous comportez en bon élève, vous faites « tout bien » pendant quelques semaines… Puis, votre ancien masochisme ressurgit : « C'est bon, j'ai fait le tour, en sortir est impossible, j'arrête. » Ces pulsions autodestructrices se manifestent souvent à la fin du premier mois, parfois sans raison, particulièrement si tout se déroule bien pour vous. Pensez à toutes les fois où vous avez commencé à vous rebeller autrefois… Si vous n'aviez pas baissé les bras, vous ne seriez pas en train de lire ces lignes !

Vous ne recherchez pas la perfection mais l'art de ne pas abandonner, pour ne pas replonger dans vos mauvaises habitudes. Aucun voyage vers le changement n'est confortable ! Battez-vous, suivez votre protocole. Si vous tombez, relevez-vous, repartez sans regarder en arrière, tout en apprenant de vos erreurs.

Trouver l'origine de votre rechute

1. Listez vos comportements autodévalorisants ou répétitifs. Tenez-vous-en aux faits. Par exemple : « Quand j'écoute les plaintes de ma sœur, je me sens coupable et démotivée » ou « Lorsque je me lève trop tard, je gâche ma journée et je suis mou, incapable d'investir mon projet ». Dans un premier temps, ces attitudes de régression vous rassurent mais, très vite, vous vous sentez méprisable.
2. Sélectionnez celui de ces comportements qui vous agace le plus, et imaginez comment éviter qu'il ne se reproduise (ex. : « Interrompre la conversation avec ma sœur dès qu'elle commence à geindre », « Me coucher plus tôt ».)
3. Ne réfléchissez pas, agissez ! Alors, des transformations tangibles surviendront. Pour vous remotiver, vous pouvez pratiquer des exercices de Kundalini yoga, efficaces pour développer la concentration, la volonté et l'intuition[1].

1. Cf. kundalini.fr et, pour la Belgique, le Québec et la Suisse, http://www.kundalini.fr/spip/spip.php?article124.

Durant mes années d'accompagnement, seules de rares personnes ayant suivi les consignes données ont atteint leurs objectifs en quelques semaines. Les autres ont mis trois mois à deux ans pour déménager, être embauchés dans l'entreprise de leur choix, perdre du poids, trouver l'amour, devenir parents, se réconcilier avec les leurs ou leur ami d'enfance, etc. Leur point commun : ils n'ont jamais renoncé. Même les plus désespérés peuvent se soigner, s'ils le veulent vraiment !

Chapitre 9

J'adopte une nouvelle attitude avec les autres

Prenez vos distances avec les personnes toxiques !

Peut-être affrontez-vous un environnement délétère, des êtres mal intentionnés, carrément méchants ou vicieux ? Quoi que vous fassiez, rien ne leur convient jamais. Si vous êtes coincé avec ce type de spécimen, cessez d'être gentil : préservez-vous, ou affirmez-vous !

Je repère les abus, perversions et prises de pouvoir sur moi

Face à des créatures malveillantes, utilisez votre flair, votre intuition, et surtout, soyez à l'écoute de votre corps, habitué à sentir le danger bien avant que vous n'en ayez conscience – ne l'a-t-il pas longuement expérimenté dans l'enfance ? À défaut, vous pourriez ne pas entendre son message et retomber dans des pièges relationnels que vous n'êtes plus, cette fois, obligé de subir.

Pour repérer d'éventuelles emprises sur vous, demandez-vous si vous êtes concerné par une ou plusieurs des propositions suivantes :

- je suis habité par un sentiment diffus de peur qui m'amène à me demander en permanence ce qui pourrait me tomber dessus ;
- je crains de me trouver en présence de certaines personnes et je suis physiquement malade à l'idée de les croiser ;
- je suis retourné comme une crêpe chaque fois que j'exprime mon désir d'occuper ma place ;
- j'étais sûr d'avoir fait ou dit telle chose, mais mon interlocuteur m'amène à en douter ;
- certaines de mes affaires disparaissent, des informations confidentielles sont divulguées, mon journal intime est lu, les messages de mon téléphone portable sont consultés et mon Facebook a été piraté : je suis espionné !
- je suis confronté à des attitudes de dramatisation extrême comme le chantage (« Tu vas me tuer ! »), les injonctions contradictoires (« Tu rentres trop tard ! » et, si je rentre plus tôt, « Tu me surveilles ! »), les mensonges, le déni, les menaces de représailles (« Je vais te déshériter ! »).

J'identifie les personnes nocives

Maintenant, assurez-vous que les emprises subies émanent de personnes réellement néfastes :

- achetez un cahier sur lequel vous noterez les mots utilisés pour vous dévaloriser, qui vous clouent sur place et vous obligent à faire ce que vous ne voulez pas ;

- notez la fréquence des demandes de services de votre environnement, et mesurez le temps que vous y consacrez ;
- comptabilisez toutes les fois où vous dites « Oui », alors que vous aimeriez refuser ;
- lorsque vous osez dire « Non », observez la salve qui vous tombe dessus à travers des commentaires culpabilisants (ou une bouderie susceptible de durer longtemps).

Je prends des mesures d'urgence pour me protéger

Les conseils ci-dessous s'adressent à ceux qui évoluent dans un contexte pervers. Si vous êtes concerné, préservez-vous au plus vite :

- dans ma vie privée ou au travail, j'enregistre sur mon téléphone les propos violents dont je suis victime en l'absence de témoins, puis je menace de les faire connaître ;
- je m'organise pour que, désormais, il y ait toujours des témoins lorsque des personnes de mon entourage manifestent leur toxicité envers moi ;
- je réduis considérablement les contacts avec l'être toxique (appels, textos, e-mails, vacances, réunions de famille) ;
- je mets de la distance (demande de mutation à l'autre bout du pays, départ à l'étranger dans le cadre de mes études, etc.) ;
- j'intègre un groupe de parole hebdomadaire spécialisé dans les relations perverses. Dans tous les cas, je me fais accompagner par des professionnels pour ne pas retomber sous l'emprise de cette personne ou d'une autre, et pour sauver ma peau ;
- je contacte SOS Femmes battues si la question se pose.

Parfois, couper les ponts reste la première chose à mettre en place pour y voir plus clair.

Les conséquences de votre évolution

Votre changement va poser problème. Malheureusement, certains clans familiaux se liguent contre un bouc émissaire (vous) dès lors que leur équilibre repose sur votre disgrâce. Cousins (même éloignés), marraines, parrains, amis de longue date de vos parents, camarades d'enfance seront sollicités. Puisque vous rechignez à porter leur poids, rien ne va être négligé pour vous remettre dans le droit chemin et maintenir l'homéostasie du groupe. Vous serez attaqué de partout : ils se battront comme des lions et ne se résoudront à trouver un nouveau sherpa que si vous tenez votre position dans la durée…

Une petite colère, et le fait de raconter votre point vue (votre souffrance d'autrefois) lors d'une réunion familiale, ne suffiront pas à vous libérer d'un rôle que vous endossez depuis des années. Au contraire, vous accentuez votre discrédit : comment osez-vous revendiquer de tels passe-droits ? Quelle exigence, quel égoïsme ; vous passez avant les autres ! N'avez-vous pas honte ?

Devant ce type de réaction, vous voilà face à un choix : c'est votre famille (vous vous sacrifiez) ou vous (vous *les* sacrifiez). Vous seul pouvez décider de soutenir votre cause !

Je me comporte différemment et cesse d'anticiper les réactions des autres

Souvent, vous vous arc-boutez sur ce que d'aucuns considéreraient comme un détail. Non seulement, vous y accordez de l'importance, mais vous vous y accrochez mordicus. Par exemple, vous êtes sensible à l'injustice (« Pourquoi ma sœur a-t-elle obtenu telle ou telle chose alors que moi, je n'ai jamais rien ? »). Si vous y renonciez, les luttes de pouvoir s'apaiseraient immédiatement et le combat s'arrêterait, faute de combattants.

Selon les théories de l'école de Palo Alto, lorsqu'un comportement est modifié dans une organisation, tout se remet en place autrement, à l'image du mobile au-dessus du lit d'un bébé. Quelquefois, vous découvrirez avec surprise que vos parents vous soutiennent. Ce qui semblait une montagne à soulever se révèle, en définitive, un jeu d'enfant. « Depuis le temps que l'on attendait que tu quittes la maison ! », s'entend dire Lou quand elle prend son premier studio à 24 ans, alors qu'elle pensait déclencher un tsunami. Dans la même situation, Romain se méfie. Il cherche une colocation sans rien dire, déménage le week-end où ses parents partent à la campagne et, le dimanche soir, les met devant le fait accompli. La pluie de larmes qu'il déclenche chez sa mère, soutenue par le regard accusateur de son père, lui confirme qu'il a adopté la meilleur attitude possible compte tenu des circonstances.

Je fais le deuil de mon besoin de reconnaissance

Votre besoin d'être reconnu conditionne vos comportements, vos choix relationnels et professionnels. En cet endroit précis, tout se joue et tout devient possible à nouveau ; pour autant, tout peut aussi se figer dès lors que vous laissez les autres (famille, collègues, partenaires, amis) prendre le pouvoir sur vous. La déception intervient alors systématiquement.

Renoncer à ce besoin est essentiel pour vous connecter à l'énergie qui vous permettra de prendre toute votre place. Vous vous êtes assez agrippé aux petites attentions et à l'espoir de jours meilleurs : cessez de ramper pour pas grand-chose ! Il vous faut entrer dans un processus de deuil, et vous seul pouvez décider de le faire. Ce sera presque aussi laborieux que de perdre un être cher. Impliquez-vous sérieusement, par exemple en adaptant au besoin de reconnaissance les cinq étapes du deuil identifiées par Élisabeth Kübler-Ross dans son livre *Les Derniers Instants de la vie* (Labor et Fides, 1975[1]) : déni, colère, négociation, dépression, acceptation.

Le déni

Si vous vous décidez à faire le deuil du besoin d'être reconnu par vos parents, une partie de vous-même va résister et arguer que c'est inutile, qu'ils vous ont reconnu à leur façon, vous ont accordé la place que vous méritiez… En bref, vous avez eu une enfance heureuse !

Pourtant, rappelez vous… La plus grosse part de gâteau réservée au petit dernier, le ménage que vous faisiez spontanément pour faire plaisir à maman, les réflexions assassines qui vous écorchaient ça et là… Quoi que vous ayez vécu, commencez par voir la réalité sans la travestir. N'avez-vous pas, tout au long de ces années, cherché à justifier les attitudes inacceptables de votre famille à votre égard ? Peut-être ne vous souvenez-vous plus très bien de ce qui s'est passé

1. Édition originale : *On Death and Dying* (Routledge, 1969). Traduction française de Cosette Jubert et Étienne de Peyer.

à l'époque ? Vous pensez vous être trompé, ou alors, vous avez confondu… Bizarrement, ce que vous appelez « norme » s'apparente, pour un regard extérieur, à de l'abus !

Votre mécanisme de défense a souvent bien fait son travail : il a refoulé les souvenirs désagréables, de façon à ce que vous puissiez survivre. Mais aujourd'hui, pour avancer, les événements traumatisants doivent être reconnus et nommés. Le pardon peut alors intervenir : il ne profite pas directement aux responsables des exactions ; soyons clairs, vous le faites pour vous-même : ainsi, vous cessez de rejouer la scène en permanence et d'y rester bloqué.

La colère

Observer avec lucidité les actes non adaptés de votre famille à votre égard pourrait éveiller votre colère. Si vous êtes rebelle et qu'il vous suffit d'appuyer sur le bouton « On » pour faire une scène, vous avez peut-être déjà atteint cette étape. N'en abusez pas ! Tant que vous n'aurez pas lâché votre amertume, vous ne pourrez avancer.

Pour les soumis, dès lors que vous admettez avoir vécu des situations excessives, vous risquez de découvrir la fureur cachée sous votre « obéissance ». Tout cela est normal. Vous allez aussi réaliser que, ce qu'ils vous ont refusé des années durant, vous l'obtiendrez en peu de temps, en vous positionnant plus fermement. Et, même si vous les détestez de vous avoir asservi autrefois, n'oubliez pas que vous avez votre part de responsabilité pour que cela cesse dès maintenant.

Votre colère dévoile également que vous êtes capable de vous rebeller contre ceux qui ont tant compté. Accueillez-la, bénissezla et utilisez-la comme une ressource : elle témoigne de votre prise de conscience, et l'abus va pouvoir être reconnu. Pour autant, ne vous complaisez pas dans cette étape.

La négociation et la dépression

À ce moment-là, vous envisagez la possibilité qu'avec le temps et moins d'exigence, vous pourriez obtenir un peu de reconnaissance – certes, pas autant que ce que vous exigiez initialement, mais un peu quand même. Oubliez ! Tant que vous n'aurez pas abandonné ces dernières attentes, vous serez toujours entre deux rives, entre la fermeture et l'ouverture, les angoisses du passé et celles de l'avenir, mais jamais dans l'instant présent !

Ensuite, durant la phase de dépression, vous allez vous étioler. Vous ne voyez plus d'avenir sans reconnaissance familiale et, en même temps, vous savez que vous ne l'obtiendrez jamais. Vous voilà dans une double contrainte…

L'acceptation

Enfin, grâce à l'acceptation de votre humaine condition, vous rendez les armes. Vous avez fait une croix sur ce fantasme illusoire d'obtenir réparation pour les manques du passé, et vous vous apprêtez à ouvrir la première page d'une nouvelle vie.

Une fois la décision prise, les choses s'enchaînent. Imaginez que vous ayez longtemps observé le monde à travers un certain prisme. Soudain, vous l'enlevez : du jour au lendemain, des perspectives vertigineuses, auxquelles vous n'auriez jamais songé, s'offrent à vous… Tout redevient possible !

Je modifie mes comportements

Vous n'allez pas vous transformer en disciple de Bouddha du jour au lendemain. Au début, vous utiliserez des « trucs » pour vous aider, jusqu'à ce qu'ils deviennent une (nouvelle) habitude. Pour vous « nourrir », développez les activités susceptibles de vous faire du bien. Elles vous éviteront de penser à vos galères ou aux signes et autres coups de téléphone que vous attendez encore en frétillant. Sortez de votre tête, rentrez dans votre corps et répondez vous-même à votre besoin. À force de faire « comme si », vous cheminerez davantage vers votre objectif.

Si cela vous semble difficile, sachez qu'il s'agit juste d'une question d'ego (selon les philosophies orientales) ou de système de défense (selon la psychanalyse). Sans ego, plus besoin de faire votre show pour exister, de mendier de l'attention sans la recevoir, de vous faire beau pour un *blind date* ou un entretien d'embauche, et de vous trouver moche ou inintéressant si le courant n'est pas passé !

Sans ego, vous irez aux repas de famille délesté de vos attentes. Vous n'enquêterez plus pour savoir si votre mère n'aurait pas offert un cadeau à l'un de vos frères sans que vous ayez obtenu l'équivalent. Vous ne raconterez plus vos exploits pour pêcher quelques compliments. Vous n'achèterez pas une voiture haut de gamme dans l'optique de faire bisquer votre belle-famille. Vous n'investirez plus autant dans votre apparence, vos tenues… Au fond quelle importance ? Croyez-vous une seconde que la marque de votre costume change fondamentalement le regard des autres sur vous ? Probablement, un peu d'allure n'a jamais tué personne : vous avez le droit de soigner votre image, tant que c'est pour vous et pas pour ramasser le plus de numéros de téléphone possible dans la soirée, ou pour que votre sœur bave devant votre tailleur dernier cri !

Grâce à votre « nouvelle personnalité », vous reprenez petit à petit le pouvoir sur vous et votre environnement. Vous ne passez plus votre temps à élaborer des stratégies, à analyser les expressions de vos interlocuteurs pour vérifier si vous avez « réussi l'oral ». Vous vous sentez vivant, vibrant et, d'un seul coup, vous existez… non pas dans le regard de l'autre, mais dans le vôtre !

Rome ne s'est pas construite en un jour : la déprogrammation de vos habitudes séculaires ne s'opérera pas instantanément ! Le développement personnel argue que 21 jours suffisent à perdre une (mauvaise) habitude. Mais, dans la durée, seules l'expérience, la persévérance, la volonté et l'action garantissent le changement. Selon Yogi Bhajan[1], il faut :

- 40 jours pour défaire une habitude ;
- 90 jours pour prendre une nouvelle habitude ;
- 120 jours pour devenir cette habitude ;
- 1 000 jours pour maîtriser cette habitude.

Suivez votre protocole, « désadictez-vous », mettez en place de nouveaux comportements, et vos contrariétés ne seront plus qu'un lointain souvenir dans quelques mois…

1. Yogi Bhajan ou Harbhajan Singh Khalsa Yogi Ji (1929-2004) était enseignant de Kundalini yoga. Il a fondé Healthy, Happy, Holy Organization (3HO).

Je lâche prise définitivement

Comment ne plus attendre ? Tout simplement, en imaginant le pire ! Anticipez les événements à venir (anniversaire, réunion de famille, etc.), et déroulez un film dans lequel vous dialoguez avec la voix de la culpabilité :

« Et si je n'y allais pas ?

— Mais c'est ta mèèèèrrrrreeee. Elle ne le supportera pas !

— Oui, et alors ?

— Tu ne peux pas ne pas y aller !

— Que se passerait-il si je n'y allais pas ?

— C'est inconcevable, ils te critiqueraient !

— Et alors ?

— Tu serais la risée de la famille !

— Et alors ?

— Tu serais encore plus en difficulté !

— Et alors ? Est-ce que ça m'apporterait de la reconnaissance ?

— Au fond, pas plus !

— Alors j'y vais pour m'en prendre plein la tête, ou j'attends d'avoir pris de la distance pour les fréquenter à nouveau ? »

Si c'est encore trop tôt pour que vous puissiez lâcher prise, tentez la variante suivante :

« Alors, vas-y !

— Oui, mais j'ai peur !

— De quoi ?

— D'être déçue !

— Par quoi ?

— Ma sœur sera habillée comme une gravure de mode et me demandera si j'ai trouvé un boulot (ou un mec, ou la maison de mes rêves, ou si mon procès a avancé ; bref, elle évoquera ma galère !).

— Oui, et alors ?

— Ben, c'est ma sœur !

— Et alors ?

— Alors rien, sauf que je serai mal devant tout le monde ! »

Poussez le raisonnement, et vous verrez que tout cela n'a guère d'importance. Votre sœur (ou votre mère, votre frère) va parader. Quand elle vous posera la question qui fâche à table, au milieu du repas, évitez toute réaction intempestive, détendez-vous intérieurement, prenez une grande inspiration et demandez à l'un des convives de vous passer la corbeille de pain ou le sel. Elle reposera sa question ; vous repartirez alors vers un autre convive pour une autre requête. Votre sœur, embarrassée, sera sans doute en difficulté. Un silence gêné s'installera, et la conversation repartira sur un sujet plus neutre.

Vous pourriez aussi lui sourire calmement, la regarder dans les yeux et lui signifier : « Que recherches-tu en me posant cette question, là, maintenant, à table ? Quel est ton objectif ? » Qu'elle s'énerve, se justifie ou perde ses moyens, vous serez gagnant ! La solution consiste à vous positionner ainsi, de plus en plus, dans les différents secteurs de votre vie.

Je me positionne clairement

Prendre vos distances avec ceux qui abusent de votre besoin de reconnaissance

Vous venez de découvrir que les désagréments d'hier (crises de papa, confidences de maman, jalousie de votre frère) sont toujours d'actualité. À défaut de transformer les membres de votre famille en schtroumpfs bienveillants d'un coup de baguette magique, prenez du recul. À observer les petits jeux qui se répètent depuis longtemps, les éventuelles alliances face à votre détermination, vous pourriez être écœuré et envisager de retirer vos billes du jeu, sans états d'âme.

Ensuite, positionnez-vous face aux personnes qui comptent le plus pour vous, puis aux autres, selon l'intensité de votre relation et de vos conflits éventuels. Qu'il s'agisse de votre mère (qui compte sur vous pour tout), de votre ex (qui se sert du prétexte des enfants pour continuer la relation alors que vous êtes divorcé), de votre binôme (qui vous demande d'accomplir la moitié de son travail) ou de votre meilleure amie (qui vous appelle quotidiennement pour que vous la conseilliez quant à son couple), soyez clair et coupez court !

Je mets les points sur les i *avec mes proches*

En ce qui concerne votre mère (votre tante, votre sœur, etc.), voici une proposition à adapter à votre personnalité et à votre situation. Dites-lui : « Ma chère mère, je sais que je compte pour toi et que tu as envie que je sois heureux ». Elle ne va pas vous dire « Non » ! Continuez : « Tu as remarqué que je suis encore célibataire à mon âge avancé/que mon couple bat de l'aile/que je construis la maison de mes propres mains/que j'ai des soucis avec belle-maman, mon boss, etc. » Elle le sait ! Ajoutez : « J'ai réalisé que tes demandes rendaient difficile ma concentration/mon évolution/la réalisation de mon projet, alors je voulais te prévenir qu'à partir de maintenant, tu devras te débrouiller autrement. Consulte un psy, appelle ma sœur ou tes copines, mais demande à quelqu'un d'autre de t'écouter. »

Elle risque de s'étrangler et de décliner en quelques secondes toutes les étapes du deuil ; la négociation se transformera alors en chantage affectif. Ne rentrez pas dans son scénario : vous l'avez déjà fait mille fois ! Interrompez-la et renchérissez : « Je sais que tu vas avoir du mal à m'entendre et je le comprends. » Respectez un temps de silence, mais ne la laissez pas s'y engouffrer. Reprenez : « Alors je te propose un appel rapide par semaine (ou davantage, selon son âge et son état de santé), mais je ne veux plus le bonjour et le bonsoir quotidiens (imposez vos conditions). Tu vas sans doute tenter de faire comme si de rien n'était, mais sache-le, je ne te répondrai plus systématiquement. Je voulais te prévenir. Le lien n'est pas coupé, je t'aime, tu le sais, et je sais que tu veux mon bonheur (rajoutez-en une couche), seulement j'ai besoin de temps pour moi. » Vous lui avez donné un coup de massue, achevez maintenant votre démonstration : « Ne t'inquiète pas, je me soigne. » Quand vous parlez de vous soigner, en fait, vous soignez tout le système familial ; du moins, c'est le message inconscient que vous véhiculez.

Cette prise de position ne sera pas une partie de plaisir ; toutefois, elle vous permettra de vous situer et vous obligera à mettre en pratique ce pour quoi vous vous battez : votre indépendance ! Déclamer la grande tirade de la scène 2, acte III, puis ne pas agir en conséquence, vous décrédibiliserait définitivement. Par la suite, vous auriez du mal à reprendre la main, faute de cohérence.

Si votre père, en maison de retraite, passe son temps à vous dévaloriser auprès du reste de la famille, à vous traiter comme un chien ou à bougonner lorsque vous lui rendez visite, procédez de même. Appelez-le avant votre prochaine visite, en ajustant ces mots à votre personnalité : « Mon cher père, je sais que tu tiens à moi et à ce que je vienne te voir. Bon, je dois te dire… Il y a deux points qui me préoccupent et, si tu n'en tiens pas compte, je crains d'être amené à ne plus me déplacer pour toi. Premièrement, dimanche, si tu m'insultes, ronchonnes ou fais la tête, non seulement je m'en vais dans le quart d'heure, mais tu ne me verras plus avant au moins un mois – et encore, à condition que tu t'excuses. Naturellement, si tu recommences, je disparaîtrai à nouveau, et cette fois, ce sera pendant trois mois. Deuxièmement, si j'apprends que tu m'as encore critiqué auprès de mes cousins (ma tante, mes fils), ce sera exactement le même traitement. Je tenais à te prévenir, de façon à ce que tu ne sois pas surpris. Je t'aime, je sais que toi aussi, mais là, tu dépasses mes limites. »

Souvent, ces comportements centrés, déterminés et clairs vous terrifient. Vous avez peur de blesser, de ne pas oser vous exprimer, de trembler. Ces déclarations créent un électrochoc et peuvent susciter cinq types de réaction :

- la colère (« Eh bien, soit, ne viens plus ! ») ;
- le chantage (« Je vais te déshériter ! »), dont vous avez déjà l'habitude ;

- la victimisation (« Je suis âgé, comment oses-tu me traiter aussi mal ! ») ;
- la soumission claire (« D'accord. ») ;
- la posture plus discrète qui, dans les faits, s'apparente à « Qui ne dit mot consent ».

Si vous ne savez pas par quel bout commencer, si le chantier vous paraît gigantesque, suivez le guide ci-dessous. Il vous aidera à définir vos priorités. Et, en ce qui concerne les autres personnes qui vous posent problème ou vous influencent, à vous de voir si vous préférez leur parler entre quatre yeux ou exercer vos talents de diplomate…

Je décide de là où je me positionne

Divisez une double page A4 en cinq colonnes verticales. Dans la première, décrivez en détail toutes vos galères. Dans la deuxième, en face de chacune des galères, disséquez les comportements et situations que vous exécrez. Dans la troisième colonne, inscrivez les loyautés correspondantes que vous avez identifiées. Dans la quatrième, déclinez ce dont vous ne voulez plus. Enfin, dans la dernière colonne, affirmez ce que vous voulez.

Par exemple, Aurélie a écrit dans la première colonne :

- Je galère au travail.
- Je galère avec Damien, mon chéri.

Dans la deuxième colonne, en face de chaque galère, elle a inscrit :

- Je rame pour faire mon chiffre d'affaires parce que je n'ose pas me vendre. J'ai honte des tarifs pratiqués et je n'y crois pas moi-même.
- Damien dit ne pas vouloir s'engager alors que l'on se voit depuis cinq ans. Il dort presque chaque nuit chez moi et ne rentre relever son courrier qu'une fois par semaine. Je paie le loyer, les charges, et il lave son linge dans ma machine à laver.

Dans la troisième colonne, Aurélie a décrit ses loyautés en ces termes :

Je suis en loyauté avec ma mère, qui a mis dix ans à terminer les études qu'elle avait reprises pour, finalement, ne rien en faire. Et, autre loyauté, elle a porté le poids de mon père, alcoolique pendant trente ans. Elle ne l'a jamais quitté, alors qu'elle en avait les moyens et que les dommages collatéraux de cette addiction s'accentuaient chaque année.

Dans la quatrième colonne, elle a écrit ce qu'elle ne voulait plus :

- Marmonner le prix de vente sans y croire en prospection commerciale.
- Faire comme si de rien n'était avec Damien, alors que je voudrais qu'il rende son studio et paie la moitié de mon loyer (ou que l'on déménage à frais partagés). Je ne lui dis rien car je porte le poids de son indécision, comme ma mère portait bravement l'alcoolisme de papa.
- Être reliée à l'échec de ma mère qui n'a jamais réglé le problème posé par ses études. De fait, pour ma grand-mère maternelle, les filles étaient sottes et seulement bonnes à marier, tandis que les garçons, brillants, seraient ingénieurs ou docteurs. Je ne veux plus saboter mon job et mes revenus parce qu'elle n'a pas su, voulu ou pu dépasser son histoire.

Une fois votre confession posée sur le papier, décrivez ce que vous voulez en regard de ce que vous ne voulez plus. Aurélie a détaillé ainsi ce qu'elle souhaite :

- Me positionner face aux clients. Je crois en moi et en mes talents commerciaux, je suis à la hauteur de la tâche et j'ai été embauchée pour cette raison.
- Me positionner face à Damien. S'il réagit mal, c'est qu'il n'est pas pour moi.

Ajoutez d'autres actions si elles se justifient. Enfin, reprenez le tableau ci-dessous, que vous aviez commencé à remplir au chapitre 5, et complétez maintenant ses deux dernières lignes. Donnez-vous une date butoir pour chaque action à mener. De façon à mieux faire coïncider vos projets et leur date d'exécution, reprenez les lettres écrites quand vous commenciez à lire la première partie de ce livre.

	A	B	C
Mes galères			
Les faits			
Que se passe-t-il ?			
Comment je me sens ?			
Quelle situation de mon enfance cela me rappelle-t-il ?			
Quels sont les membres de ma famille concernés ?			
Quelle est ma mission ?			
Les actions à mener			
Échéance			

Je prends la tangente

La stratégie sournoise vise à obtenir les mêmes résultats dans l'optique d'éviter la confrontation. Parfois, des manœuvres s'avèrent nécessaires pour épargner les susceptibilités propres à certains individus, ou tout simplement parce que leur méchanceté, si elle ne justifie pas de rompre les liens, nécessite de vous protéger.

Face à la déferlante de coups de fil de votre mère, laissez passer de plus en plus de temps entre chaque appel. Quand son nom s'affiche, ne décrochez pas le téléphone et répondez-lui par un texto. Régulièrement, interrogez-la d'une voix assurée : « As-tu quelque chose d'important à me dire ? Je dois partir, là… » Organisez-vous pour parvenir à un appel hebdomadaire dans les trois mois. Quant à votre père, ne lui dites rien : contentez-vous d'espacer les visites et de rester moins longtemps sur place.

Si vous ne vous sentez pas entendu (« Maman, je t'ai déjà demandé mille fois de m'appeler par mon prénom entier, "Véronique" et pas "Véro" ! »), n'insistez pas. Allongez la liste de vos récriminations et prenez encore sur vous : la famille reste l'ultime bastion à conquérir et exige du temps. Le moment venu, vous leur rappellerez à tous, lors d'une réunion, que vous abhorrez les diminutifs.

Dans tous les cas, ne rompez aucune relation en cours, qu'il s'agisse d'amis, de partenaires, collaborateurs ou membres de votre belle-famille. Au contraire, amusez-vous à changer d'attitude et observez ce qui se passe. Vous avez déjà pratiqué avec les collègues, certains proches, continuez ! Adaptez-vous à la situation, en fonction de votre degré d'intimité, de la durée et de la nature de la relation.

Changer d'attitude change les réactions de votre entourage

Dans le chapitre 7, vous aviez identifié les personnes qui avaient un pouvoir sur vous et expérimenté de nouveaux comportements (exercice « De qui suis-je le plus en attente de reconnaissance ? »). Cette fois-ci, passez à la vitesse supérieure :

Choisissez les trois personnes qui vous affectent le plus (votre tiercé a peut-être changé ?). Listez ce que vous avez l'habitude de faire pour elles, spontanément, sans qu'elles ne vous aient rien demandé, tant le contrat est implicite. Par exemple :

- vous apportez le café ou le journal à un collègue chaque matin ;
- vous emmenez votre mère faire les courses tous les samedis ;
- vous rampez devant votre chéri pour obtenir un rendez-vous ;

- votre compagnon rentre tard. Il se fait servir un plateau, s'affale devant la télévision et vous laisse ensuite débarrasser.

Commencez par ne plus accomplir le geste habituel auprès d'une personne sélectionnée. Par exemple, sans rien dire, n'apportez plus le café ou le journal à votre collègue. Il ne peut pas vous courir après pour l'exiger. S'il le fait tout de même, c'est bon signe, vous avez vu juste : vous êtes bien à son service ! Prétendez alors que vous étiez concentré sur un dossier ou inventez quelque chose, sans vous justifier davantage.

Puis, prévenez votre mère que vous ne pourrez pas venir ce samedi, et forcez-vous à ne pas appeler votre chéri. Mieux, ne répondez pas dans la seconde quand il cherchera à vous joindre.

Votre compagnon s'attend à ce que vous le serviez quand il rentre ? Ne cuisinez pas pour lui et laissez-le se débrouiller. La première fois passera peut-être mais, lors de votre seconde tentative, il vous sera demandé d'un ton légèrement inquiet : « Ça va ? » Vous lui répondrez alors, visiblement étonné : « Oui, pourquoi ? » Cette question vous sera posée d'autant plus souvent par vos proches que vous cesserez de vous comporter comme ils l'attendent.

Attention toutefois, vous risquez aussi de déclencher de l'agressivité (« Tu ne m'as pas fait à bouffer ? », « Pourquoi t'as pas tout préparé comme d'habitude ? » ou « Il n'y a plus de café ? »). Là encore, vous pouvez ne pas répondre ou marmonner un rapide « Pas eu le temps, pas pu ! », sans investir plus d'énergie à vous disculper.

Progressivement, les personnes concernées, dépitées de ne plus régner sur vous, modifieront leur attitude à votre égard : elles seront plus en demande. Et, avec les petits pas que vous faites chaque jour, vous réaliserez aussi quel pouvoir vous avez maintenant : vous avez gagné, vous occupez enfin votre espace !

Une fois que vous aurez remplacé une mauvaise habitude par une bonne, vous découvrirez qu'il en reste d'autres à changer, encore et encore… La bonne nouvelle, c'est que vous allez atteindre un seuil, véritable minimum syndical du confort humain, au-delà duquel il ne vous sera plus possible de revenir en arrière. Vous pourrez alors vous tourner vers l'étape suivante : vous intéresser encore plus à vous-même, à vos besoins prioritaires, à ce que vous voulez vraiment à moyen terme.

Chapitre 10

Je prends soin de moi !

Je me respecte, je me fais respecter et j'apprends à m'aimer

Il existe un domaine dans lequel la politique des « petits pas » semble définitivement inadaptée : le respect de soi-même ! En la matière, il est impossible de faire les choses à moitié. Dans une situation donnée, soit vous vous estimez, soit vous ne vous estimez pas. Si vous êtes dans l'entre-deux, vous ne vous respectez pas.

La notion de « s'aimer soi-même », tarte à la crème du développement personnel, cliché plein de promesses pour vendre des produis divers et variés, s'emploie parfois un peu trop facilement. Pour mieux saisir ce qu'elle recouvre, déclinons-la ainsi :

- je ne me laisse ni influencer, ni manipuler, ni culpabiliser ;
- je ne fais rien contre mon gré ;
- je ne me brade pas ;
- mon corps est un temple sacré : je n'y fais pas entrer n'importe quoi et j'adopte un mode de vie sain.

Je ne me laisse ni influencer, ni manipuler, ni culpabiliser

Observer l'éventuelle toxicité de votre environnement vous a permis d'identifier les personnes qui exercent leur contrôle sur vous, directement ou indirectement. Pour clarifier la nature de cette emprise, remplissez le tableau suivant.

Dans la première ligne, inscrivez les noms des personnes qui vous dominent. Dans la ligne suivante, sous chaque nom, listez leurs tentatives d'instrumentalisation. Dès lors, demandez-vous quelle scène emblématique de votre enfance ces comportements évoquent et, plus précisément, quel âge vous avez « vraiment » au moment où ces dernières tentent de prendre le pouvoir sur vous… Prenez le temps de réaliser que vous revivez *en live* un conditionnement, et notez-le. Enfin, rédigez en miroir la phrase qui le contrebalance, et faites-en votre mantra.

Ainsi, Jérémie a écrit : « Ma mère dit que si je pars étudier à l'étranger, je vais manquer à mes parents ainsi qu'à mes sœurs, qui passeront une mauvaise année scolaire. Cela me renvoie à ma posture d'aîné : quand j'avais 6 ans, et mes frangines respectivement 2 ans et 1 an, il fallait toujours que je donne l'exemple. On me répétait : "Tu dois faire honneur à la famille et prendre soin de tes sœurs au lieu de jouer !", etc. » Dans la ligne « conditionnement », Jérémie a inscrit : « Renoncer à moi-même pour donner l'exemple », puis, tout en bas du tableau, le mantra suivant : « Être moi-même et décider de ma vie en toute indépendance ».

	Personne 1	Personne 2	Personne 3
Qui ?			
De quelle manière procède-t-il ?			
À quelle scène représentative de mon enfance cela correspond-il ?			
Quel âge ai-je alors, symboliquement ?			
Mon conditionnement sous-jacent			
Mon nouveau mantra			

Je ne fais rien contre mon gré

À partir de maintenant, sachez ce que vous voulez vraiment, posez des limites et refusez de dire « Oui » quand vous pensez « Non ». Comportez-vous de la sorte en permanence : quand quelqu'un vous passe devant dans une file d'attente, lors du repas mensuel chez belle-maman… Et ne chamboulez plus votre emploi du temps pour garder les enfants de votre sœur !

Chaque dimanche, établissez le programme de la semaine et surlignez les situations délicates. Ainsi, vous vous préparez psychologiquement à marquer votre territoire, de manière à ne plus laisser quiconque vous envahir.

Généralement, pour les soumis, savoir dire « Non » signifie « se positionner ». Pour les rebelles, dire « Oui » correspond à une forme de lâcher-prise, à un aveu d'humilité. Ne donnent-ils pas à voir leur vulnérabilité lorsque leur carapace se fendille ?

Je ne me brade pas

Je suis payé à la valeur que je m'accorde

Cessez de vous sous-estimer ou de considérer que, si vous avez un travail dans le secteur qui vous intéresse, vous avez déjà tiré le gros lot ! Ne vous contentez pas de ce que vous avez alors que vous désirez un autre poste, dans un autre pays, à un autre salaire. Vous le voulez, vous le pouvez, passez à l'acte ! Envoyez des CV, visualisez-vous là où se trouve votre juste place, planifiez, soyez convaincu que vous y avez droit.

Je génère des ressources

Votre capacité à vivre dans l'abondance, à dépenser avec une certaine aisance, dépend à la fois de votre posture interne et de vos loyautés. Si vous remboursez la dette d'un abus financier du passé, vous aurez probablement du mal à gagner de l'argent. Si vous pensez que vous ne valez rien, vous vous vendrez à la valeur que vous vous accordez, tant auprès de vos patrons que de vos clients (si vous travaillez à votre compte).

Pour vous décomplexer, des *coachs* proposent de vous apprendre à devenir « riche ». En réalité, nombreux s'enrichissent sur votre dos en vous expliquant que vous avez un talent monnayable ! Toutefois, certains[1], forts d'une solide expérience, vous aideront à définir vos blocages et à les lever. Ils vous donneront des clés pour penser grand et, surtout, vous montreront à travers leur exemple que vous pouvez, vous aussi, gagner bien mieux votre vie sans renoncer à votre éthique.

---

1. Comme Marcelle della Faille (cf. son site loi-d-attraction.com).

Je m'autorise les partenaires que je mérite

Ne sortez pas avec des partenaires moyennement inspirants à vos yeux sous prétexte que vous ne trouvez grâce auprès d'aucune personne sexy. Ne vous galvaudez pas pour un dîner, ne vous sentez obligé de rien, surtout pas de devoir quelque chose à qui que ce soit !

Mesdames, mesdemoiselles, lorsque vous offrez votre sexe un peu rapidement, vous reproduisez l'abus. Faire l'amour parce que l'alcool vous a désinhibées revient à vous manquer de respect, même si vous avez 20 ans, qu'il s'agit d'une mode et que vous passeriez pour une oie blanche si vous n'y souscriviez pas. Votre intimité mérite toute votre attention, et surtout, la tendresse, l'amour que vous revendiquez à juste titre. La brader à une personne non disponible, entre deux portes ou à travers les fantasmes d'un partenaire, relève du sacrilège : votre corps est sacré, ne laissez pas un phallus non bienvenu s'y faufiler !

Messieurs, vous aussi, vous valez mieux que d'être utilisé comme *sex toy* de service. Vous n'êtes pas un homme facile : sélectionnez vos partenaires et ne vous compromettez pas auprès du premier vagin qui frétille alentour !

J'adopte un mode de vie sain

« Mon corps est un temple, je n'y fais pas entrer n'importe quoi ! », telle pourrait être votre nouvelle devise. L'air que vous respirez (pollution, tabac), les plats préparés (avec des glutamates et des conservateurs), les pesticides sur les fruits et légumes, le sucre caché dans les aliments industriels, les spiritueux ; bref, tout ce que vous avalez ou inhalez influe sur votre santé.

Un courant, qui existe depuis une trentaine d'années, met en garde contre la consommation de gluten (si lourd à digérer) et de laitages (émanant de vaches piquées aux hormones et antibiotiques). Marion Kaplan, le professeur Henri Joyeux, Pierre Rabhi[1] et bien d'autres sont partis en croisade pour que vous ménagiez votre santé et vos intestins, inadaptés à ces nouveaux régimes alimentaires.

D'une manière générale, votre corps vous envoie des informations lorsque vous ingérez des aliments délétères. Vous savez quand vous avez trop mangé : urticaire, eczéma, acné, remontées gastriques, autant de signes qui devraient vous inciter à choisir ce que vous absorbez. Au-delà de la perte de poids, la qualité de votre peau et de vos artères dépend de votre alimentation. Plus vous allégez votre digestion, plus votre corps se met à votre service : votre cerveau est en alerte, vous débordez d'énergie. Limitez l'alcool, le gras, le sucre, le sel. En outre, un demi-litre de jus verts par jour vous apportera les minéraux dont vous avez besoin. Enfin, pour nettoyer votre organisme, n'hésitez pas à jeûner[2] un jour par semaine, un week-end par mois ou une semaine par an.

Parallèlement, une bonne qualité de sommeil contribuera aussi à votre vigueur. Endormez-vous le plus tôt possible, réveillez-vous avec le jour et profitez du moindre rayon de soleil pour synthétiser de la vitamine D. Ne le faites-vous pas lorsque vous êtes en vacances ?

Comme vous l'avez vu dans la première partie de ce livre, le sabotage s'exprime allègrement à travers les relations que vous entretenez avec

1. Voir leurs sites marionkaplan.fr, professeur-joyeux.com et pierrerabhi.org/blog.
2. Cf. *L'Art de jeûner*, de Françoise Wilhelmi de Toledo (Éditions Jouvence, 2014).

votre propre corps. Entre négligence, laisser-aller et addictions, les mauvaises opportunités ne manquent pas ! De fait, celui qui se couche à pas d'heure, imbibé d'alcool, de sucre et/ou de cigarette, n'aura pas la même journée que celui qui s'endort (bien) avant minuit, Wi-Fi et ordinateurs éteints, le téléphone en mode avion, la digestion terminée et l'esprit clair.

Privilégiez une véritable qualité de vie, organisez-vous pour vous libérer au maximum du stress et de la pollution indirecte : évitez de courir, de subir, de vous imposer des challenges inatteignables. Partez le plus souvent possible respirer à la mer, à la campagne ou en montagne si vous habitez en ville. Pratiquez une activité physique régulière. Faites-vous masser par une personne inspirée, dans la bienveillance et la présence. Ces mains sur votre corps redessinent vos contours, un peu comme une seconde naissance. Symboliquement, vous renaissez au monde dans un contexte empli de douceur. Certes, ces conseils peuvent paraître rabat-joie ; pour autant, ils participent de votre changement !

Mon lieu de vie aussi est un temple et je le « feng-shuise »

Et si votre maison ou votre bureau avaient une influence sur ce que vous vivez ? Aménager votre intérieur et l'occuper pleinement contribue grandement à votre bien-être.

Le Feng Shui[1] établit une analogie entre votre logement et votre corps. Tout comme vous prenez soin de ce dernier pour vous assurer vitalité et longévité, vous devez respecter votre maison… Avez-vous

1. Conception : voir le site de Caroline Lamassoure (coaching-forinterieur.com).

vraiment envie de laisser traîner vos poubelles dans l'entrée qui, symboliquement, représente votre bouche ? Un espace de votre lieu de vie reste dans le noir, inoccupé, en désordre ou encombré de vieux cartons dont vous remettez le rangement à plus tard ? Cela revient à laisser à l'abandon une partie de vous-même. Selon les cas, il peut s'agir de votre féminité, vos relations sociales, votre couple ou encore votre santé.

J'active le changement

Prenez les choses en main ! Installez les éclairages nécessaires pour que rien, dans votre domicile, ne reste dans l'ombre. Afin d'occuper tout votre espace, vous êtes invité à ranger, à trier, à nettoyer, à réparer ou à jeter ce qui est cassé. Ensuite, « dynamisez » votre appartement en assignant une place à chaque chose, une activité à chaque endroit. Éliminez le superflu pour ne conserver que l'essentiel…

Mettez de la couleur sur vos murs, changez de place les meubles et objets de décoration, fixez enfin ces étagères. Aménagez votre intérieur avec conscience et amour, faites confiance à votre intuition : « Qu'est-ce qui est bon pour moi ? Qu'est-ce que j'aimerais voir chaque jour en me réveillant ? »

Inventez aussi vos propres solutions. Vos relations avec votre belle-mère sont exécrables ? Sans doute est-il temps de faire réparer ce meuble bancal qu'elle vous a donné il y a quelques années, devant lequel vous passez dix fois par jour en maugréant.

Peut-être vivez-vous dans l'ancienne maison ou dans les meubles de vos parents ? Vous êtes-vous jamais autorisé à imaginer quel serait votre propre lieu de vie revisité par votre touche personnelle ? Si vous osiez accéder à votre créativité, à quoi ressemblerait-il ? Vendez, ou louez ailleurs, si ce projet vous titille depuis un moment.

Quelques principes à respecter

L'entrée de votre habitation, non seulement donne la première impression aux personnes venues de l'extérieur, mais vous motive à rentrer chez vous. Habillez-la de couleurs et d'objets que vous appréciez particulièrement. Elle doit être dégagée (pas de dizaines de paires de chaussures qui traînent), aérée et lumineuse.

Pour des relations de couple harmonieuses, installez des symboles d'union et d'amour (photos de vous deux, cœurs), notamment dans votre chambre. Célibataire ou engagé, privilégiez également les objets par paire : mêmes tables de chevet, mêmes oreillers, mêmes lampes… Surtout, évitez les représentations de personnes seules si vous recherchez l'âme sœur !

Dans la chambre des parents, ne placez pas de photo des enfants. Ils seraient trop présents et perturberaient l'harmonie du couple. De même, les représentations religieuses, ainsi que les photos de famille (parents, oncles, tantes, fratrie) n'ont rien à faire dans votre intimité ! D'une manière générale, débarrassez-vous des affiches, objets, tableaux douteux ou négatifs, susceptibles de représenter des personnes ou des lieux associés à de mauvais souvenirs.

Si vous vous sentez fatigué en permanence, ouvrez volets et fenêtres chaque jour, vous permettrez à de nouvelles opportunités de s'engouffrer dans votre demeure… Faites un grand ménage lors des changements de saison et remplacez vos plantes mortes par de belles plantes vigoureuses, aux feuilles arrondies.

Dans votre bureau, ne placez pas votre chaise dos à la porte d'entrée. Faites-lui face (plutôt que de vous trouver nez à nez avec un mur déprimant) et choisissez un fauteuil confortable. Rangez et dégagez votre table de travail. Pour stimuler vos projets, dédiez-leur un mur, par exemple, et placez-y symboliquement vos objectifs, sous forme de lettres ou de collages.

Maintenant que vous avez rangé votre habitat, il est temps d'aller encore plus loin à l'intérieur de vous-même…

Je chéris mon enfant blessé

Le thème de l'enfant intérieur a suscité des centaines d'articles, des dizaines de livres[1]. Il s'agit de le retrouver, le libérer, le guérir, s'ouvrir à lui, renouer avec lui… Toutes obédiences confondues, ces textes évoquent les blessures d'enfance : le rejet, l'abandon, l'humiliation, la trahison, l'injustice, la peur de ne pas avoir son espace, d'être incompris ou ignoré. Certains détaillent aussi les règles des familles dysfonctionnelles, qui « empêchent d'éprouver » ou « imposent le silence »… Fondamentalement, les auteurs de ces écrits témoignent, à juste titre, de la réalité de leur expérience. À partir des mots et ressentis de leurs patients, de leurs propres perceptions, ils décrivent leurs « cas » et proposent des solutions.

1. Par exemple, *Guérir son enfant intérieur*, de Moussa Nabati (Le Livre de Poche, 2009) ou *Prendre soin de l'enfant intérieur*, Thich Nhat Hanh (Pocket, 2015).

Tous s'accordent ainsi sur la notion d'« enfant intérieur blessé ». Nul doute quant à son existence, sa souffrance et le désir de l'aider. Dans les stages, les cabinets privés, de nombreux sanglots attestent de sa difficulté à être entendu. Pleurs de rage, de solitude, de regrets, de nostalgie… Qui pleure quand vous pleurez ? Votre enfant triste, désespéré de ne pas trouver sa place auprès de vous !

De temps en temps, par le biais d'un *coach* inspiré, d'un *insight* ou d'une synchronicité[1], il fait furtivement surface ou surgit inopinément, à l'instar d'un esprit que l'on invoque lors d'une séance de spiritisme. Ce déclic, ce moment délicieux que vous espérez depuis toujours (vous le fantasmez sans doute un peu) ne survient pas forcément en grande pompe, ni de la façon dont vous l'attendiez. C'est comme si les pièces du puzzle, que vous connaissez parfaitement pour les avoir observées, étudiées et analysées des heures durant, s'emboîtaient enfin ! Vous contemplez alors une jolie image reconstituée : l'enfant blessé est pelotonné dans vos bras, et vous ne faites plus qu'un avec lui. Cette rencontre est essentielle. Sans connexion avec votre enfant intérieur, sans compassion à son égard, vous risquez de patauger encore longtemps dans les marécages de vos sabotages.

Jusqu'alors rejeté, abandonné dans sa désolation, il souffrait au fond de la prison dans laquelle vous l'enfermiez. Vous n'imaginiez même pas qu'il puisse encore se tenir là, dans l'ombre, lui qui autrefois s'écrasait et prenait sur lui. Peut-être, à vous remémorer ces heures

1. Selon Jung, occurrence simultanée d'au moins deux événements sans lien de causalité, mais dont l'association prend sens pour celui qui les perçoit.

noires, sanglotez-vous à la fois de rage et d'injustice, mais surtout d'avoir tant souffert. C'est le moment, derrière vos larmes, d'apercevoir enfin le petit garçon ou la petite fille que vous étiez, de le prendre contre vous et de l'accueillir comme il n'a pu l'être autrefois... Vous allez pleurer ensemble dans la blessure pour contribuer à la guérir, c'est bien.

Dès que vous le reconnaissez dans sa souffrance, c'est vous, profondément, que vous rencontrez... Une fois les présentations faites, un sentiment d'unité et d'apaisement survient, totalement stupéfiant. Le fait d'*être* sans rien avoir à ajouter, ici et maintenant, s'appelle la *présence*, et advient quand l'adulte et l'enfant ne font qu'un. Connectez-vous le plus souvent possible à cette partie de vous-même que vous aviez niée, jusqu'à ce que cette « unité » devienne naturelle.

Je n'abandonne plus mon enfant blessé

Aujourd'hui, votre statut de « grande personne » vous permet d'intervenir : d'une certaine manière, vous signifiez à cet enfant qu'il ne sera dorénavant plus seul, puisque vous êtes désormais là, pour lui. En tant qu'adulte, vous pouvez le sortir des griffes de toutes ces figures parentales symboliques, projetées sur votre environnement ou générées par celui-ci. Vous le lui promettez : vous ne le jetterez plus en pâture à qui que ce soit ; vous ne lui ferez plus courir le risque d'être privé de respect, ni de revivre ce qu'il a vécu. En d'autres termes, vous allez cesser de vous saboter pour vous donner vous-même ce qui vous a tant manqué. Il s'agit de remonter à la source : accueillir, consoler et soutenir cet enfant qui, à l'intérieur de vous-même, a tant besoin de votre attention.

Vanessa

À 33 ans, elle s'apprête à faire connaissance avec son enfant intérieur. Dans sa famille, elle est la cadette. Sa maman, qui a eu du mal à avoir un second bébé, a dû rester immobilisée à partir de son cinquième mois de grossesse, jusqu'à l'accouchement.

Vanessa a mis des années à se libérer de l'emprise de sa génitrice, à ne plus l'avoir au téléphone trois fois par jour, à oser se positionner davantage. Autrefois première de sa classe, ses maîtresses notaient déjà qu'elle ne participait pas. Quand ses parents allaient voir des amis, elle restait assise par terre à proximité, tandis que les enfants de son âge jouaient ensemble dans la chambre.

Vanessa ferme les yeux, elle revoit le film. Elle ressent l'atmosphère, entend le brouhaha des gamins, la voix de sa mère, un peu haut perchée, qui clame combien sa fille est studieuse et gentille. Elle entre dans la scène, s'approche de la petite Vanessa de 6 ans, pétrifiée et perdue sur son tapis... comme un animal domestique ! Elle comprend alors qu'elle a été la « petite chienne » de sa mère : chienne de garde, de confession, bonne à intervenir pour séparer ses parents en perpétuelle dispute. Elle se contentait par ailleurs de son « écuelle » quand son frère, l'aîné, était traité comme un prince.

Vanessa s'approche en douceur de la gamine et entre en contact avec elle : « Je suis toi devenue grande, je viens enfin te rencontrer. » La fillette la regarde, incrédule (parfois, elle détourne la tête volontairement) : une main se tendrait-elle au fin fond de son isolement ? Vanessa continue de l'amadouer. À force, la petite, avide de cette reconnaissance tant attendue, se love dans les bras de la grande, qui lui parle toujours : « Tu étais toute petite, tu n'avais pas à prendre en charge les états d'âme de maman, c'était toi l'enfant, pas elle. Tu étais si seule, sans défense, sans autres références... Ce que tu as vécu n'est pas juste... Ce qui te paraissait la norme ne l'était pas ! »

À ce stade, Vanessa, déjà bouleversée, fond en larmes. Elle réalise ce qu'elle a enduré par le passé : elle prenait le moins de place possible, se tenait à disposition pour si peu ! Les pleurs se prolongent puis, progressivement, s'estompent. Les deux parts de Vanessa, l'adulte et l'enfant, se rejoignent enfin dans une paix tranquille. « Je me sens sereine quand je suis réunie, entière, une », songe la jeune femme. Tout à coup, elle se voit envelopper la petite d'un amour inconditionnel ; elle se comporte en définitive comme ses parents auraient dû le faire : dans l'acceptation et la bienveillance.

Alors, une idée un peu étrange lui vient, et elle la partage : « Vois comme je t'enserre... Tu te sens en sécurité, n'est-ce pas ? » La petite approuve. « À partir de maintenant, assimile chacun de mes bras à un bon papa et une bonne maman, et profite de leur protection. » Devenir définitivement père et mère de soi-même, ne plus rien attendre de ses parents, impuissants à réparer le passé... À cette part d'elle-même qu'elle n'avait encore jamais contactée et dont elle ignorait l'existence, Vanessa promet de la visiter chaque matin avant de sortir du lit et chaque soir avant de s'endormir, jusqu'à ce que leur connexion se mette en place de façon spontanée, permanente et naturelle.

Vanessa voulait faire oublier à sa maman les mois d'alitement liés à sa conception et alléger tant le poids de l'immobilisation que celui des tensions générées par son père, sans lequel elle n'aurait pas vu le jour. Pour rembourser sa « dette de vie », elle s'était imposé de devenir l'animal de compagnie de sa mère... À l'âge adulte, elle l'était toujours. Parallèlement, elle était aussi le larbin de ses patrons, le médiateur de sa voisine de palier et le repos sexuel des quelques hommes dont elle captait momentanément l'intérêt.

Le désir ou le devoir de « rembourser la dette » l'emportent parfois sur votre propre vie. Si vous avez atteint les limites du sacrifice, si vous voulez avancer, il va falloir composer avec vos résistances.

Je suis « coupé en deux »

Intellectuellement, vous n'ignorez pas qu'une part de vous-même s'est érigée jadis pour vous protéger des dysfonctionnements liés à votre éducation. Certes, elle vous a permis de vous adapter par excès (les rebelles) ou par défaut (les soumis) aux exigences ou insuffisances parentales. Elle occupe la place depuis trop longtemps pour lâcher un pouce de terrain, et vous en faites les frais : elle vous pousse au sabotage par le biais des micro-galères de votre quotidien qui, additionnées, pèsent lourd sur vos épaules.

Que cette part de vous se soit structurée à travers la « sherpa attitude » ou la rébellion, la remettre en cause relève apparemment de l'impossible. Elle crée un sas entre passé et présent, et se comporte en véritable « dictateur interne ». Son objectif : vous faire rejouer l'éternel scénario dans lequel vous n'occupez jamais la première place, ou pas de la façon dont vous l'auriez souhaité. Ce rôle doit vous paraître normal, puisque vous êtes né pour l'incarner. Or, comme dans tout système totalitaire, une liberté existe, à laquelle vous n'avez pas accès.

Alors qu'elle aurait dû, une fois sa mission accomplie, disparaître sur la pointe des pieds, cette part de vous *continue son travail de la même façon que jadis*. Une famille, mieux, un tribunal introjecté pose sur vous un regard sans concession, décortique, juge, méprise. Il vous rappelle peut-être la façon dont vos parents procédaient, particulièrement s'ils vous dévalorisaient pour se « re-narcissiser ». À moins qu'il ne témoigne de votre autoflagellation. Dans ce cas, vous reprenez à votre compte d'éventuelles accusations que personne ne porte, de possibles exigences qui n'existent que dans votre tête ; cependant, elles vous obligent à atteindre un niveau de perfection inaccessible.

Mon enfant intérieur est victime de mes conditionnements

Parallèlement à ce mécanisme (nommez-le « système de défense » ou « cuirasse de protection »), votre enfant blessé est terrifié, recroquevillé ; il vous appelle au secours et vous ne l'entendez pas. Confiné dans vos éternels conditionnements, vous fonctionnez sur le mode espoir/désespoir et vous en crevez sur place, exactement comme lorsque vous étiez petit.

Ce manque d'attention à l'égard de l'enfant en souffrance, associé au regard implacable que vous portez sur vous-même, vous « coupe en deux » et vous éloigne dramatiquement de votre être profond. Vous débarrasser du système qui vous a permis de supporter les traumas de votre jeunesse sera sans doute le moment le plus délicat de votre parcours…

Qu'est-ce qui m'empêche de rencontrer mon « enfant blessé » ?

Vous êtes séparé de lui par une « barrière » qui peut prendre différentes formes, selon votre personnalité, votre histoire et les modèles qui vous ont été imposés naguère…

J'ai peur de tout

La phrase clé de cette attitude est : « Je ne bouge surtout pas, je ne prends pas de risques ; ainsi, il ne m'arrivera rien de bien méchant. » Dans la vraie vie, vous n'avez pas de travail ou de partenaire régulier.

Ou alors, ils ne vous conviennent pas et vous vous en contentez, parce que « vous savez ce que vous avez et c'est mieux que rien ». Chaque fois que vous envisagez le moindre mouvement, une série de « Je ne peux pas, car… Oui, mais… » complique toute initiative. Vous éprouvez alors une sorte de jouissance à voir se lever une haie d'obstacles plus invalidants les uns que les autres, et le passage à l'acte s'avère difficile dans tous les domaines (déménagement, changement de travail, validation des acquis, abonnement sportif, rangement, voyages, etc.).

Je suis constamment dans l'autoflagellation

Cette fois, vous n'arrivez à rien, quoi que vous entrepreniez. Votre mantra se résume à « Je suis nul, je ne saurai pas faire » ou « On ne voudra pas de moi ; de toute façon, je rate tout ! ». Vous dévorez les livres de croissance personnelle, persuadé que votre problème se résume à un manque de confiance en vous : une fois l'estime de vous-même (re)trouvée, vous vous sentirez à la hauteur et tout ira bien.

Malheureusement, c'est le mouvement contraire qui se produit. Votre manque de confiance provient de votre propension à rester dans les schémas dégradants qui ont caractérisé votre éducation. Plus vous vous conformez aux injonctions négatives, plus vous existez. À force d'infliger de mauvais traitements à votre enfant blessé par le biais d'intermédiaires (votre entourage) ou par vous-même (laisser-aller, rythme de vie épuisant), vous tournez en rond, vous manquez de motivation et vous n'y croyez plus. Vous êtes malheureux et vous ne comprenez pas pourquoi. Vous préférez, et de loin, « en baver » plutôt que de changer un cheval qui gagne : vous retrouvez là votre *complaisance masochiste érotisée.*

Dans cette posture, les principaux sabotages s'expriment par la difficulté à avancer, une vision du monde étroite et le fait de ne pas occuper sa place.

Je fais couple avec ma soumission

Plus vous êtes au service des autres, plus vous vous sentez vivant. Mais en dehors de cet assujettissement, qui êtes-vous ? Vous n'en avez aucune idée et, même si vous rêvez d'une autre vie, vous n'osez la revendiquer. Vous êtes né pour satisfaire votre interlocuteur et lui faire plaisir. Votre bénéfice caché réside dans un intense sentiment d'exister, généré par le pouvoir que vous prenez sur l'autre en le rendant dépendant de votre serviabilité. Cependant, vous occupez ici une place par défaut, en lien avec le désir de l'autre mais pas avec le vôtre, encore moins avec votre propre cause.

Cette fois, le sabotage consiste à donner beaucoup pour recevoir peu, à supporter une famille, un partenaire ou des enfants tyranniques, à exécuter les fonctions de trois personnes pour un seul salaire. Vous vous sacrifiez au détriment de vos projets personnels.

Je suis accro à ma colère, mon passé et mes traumatismes

Rebelles et soumis sont concernés. Les premiers se prennent pour des princes ; tout leur est dû, le reste du monde se résume à une bande de médiocres auprès desquels ils apparaissent comme les derniers seigneurs. Ils vivent seuls sur leur île déserte, en colère contre la terre entière. Les seconds se taisent mais, à l'intérieur, ils bouillonnent de rage et d'impuissance. Ils passent des nuits à réécrire l'histoire, des années à pleurer dans le cabinet de leur psy, à ressasser les abus – certes réels – endurés. La voix vibrante, ils égrènent la litanie des injustices subies et, il faut l'admettre, ces réactions intenses donnent de la consistance à des journées sans éclat.

Je flirte avec la complaisance

Souvent, vous savez exactement ce qu'il conviendrait de faire, comment agir et quel plan d'action suivre. Pour autant, vous êtes bloqué au milieu du gué sans savoir comment rejoindre l'autre rive. Vous luttez intérieurement entre l'ouverture et la fermeture, le blanc et le noir, le chaud et le froid, l'ange et le démon, le figement et l'action, l'amour et la peur… Vous le constatez, vous ne lâchez rien… Même pas mal ! Mais, au fond, tout cela devient stérile. Il arrive un temps où vos tergiversations n'intéressent plus que votre ego.

Pour sortir de vos résistances, la principale solution consiste à élaborer votre protocole, à planifier vos actions et à les accomplir sans réfléchir. De fait, une fois les origines de vos blocages intégrées, point ne sert d'en parler des années sur un divan ou en tête à tête. Une brève thérapie et quelques stages peuvent toutefois s'avérer nécessaires si votre parcours a été marqué par le drame, l'abus, un environnement compliqué, ou si vous n'avez jamais travaillé sur vous-même.

Avant de continuer, vérifiez donc que vous n'avez pas de bénéfice caché à « mariner dans votre jus » !

Et si j'étais accro à ma souffrance ?

Se pourrait-il que vos mécanismes de protection habituels vous conviennent, vous rassurent, donnent du sens à votre vie ? Finalement, les galères qui vous tombent dessus ne vous rendent-elles pas intéressant ? Que vous resterait-il si elles disparaissaient de votre quotidien ? Peut-être êtes-vous accro à votre souffrance comme certains alcooliques à leur bouteille, quel que soit le prix à payer : santé, maltraitances diverses, instrumentalisations physiques ou psychologiques ?

Dans ce cas, transposez les préceptes des Alcooliques anonymes : aimez-vous par tranches de vingt-quatre heures. En d'autres termes, vous êtes invité à ne pas vous flageller ni à vous saboter pendant ce laps de temps. Au regard du nombre de jours pendant lesquels vous vous êtes gâché, où vous êtes passé à côté de l'essentiel, ces quelques heures vous paraîtront une récréation. Votre objectif se résume à écrire la veille ce que vous avez prévu de faire le lendemain (quoi, à quelle heure, jusqu'à quand) et à vous y tenir sans réfléchir, quelles que soient vos émotions et autres hésitations. Le soir, sur le point de vous endormir, vous réaliserez que vous avez accompli presque tout le programme décidé précédemment. Dès lors, vous n'aurez pas eu le temps ou l'opportunité de penser à vous saboter. Et, après une nuit de sommeil, vous vous réveillerez dans la joie d'avoir consacré ces dernières vingt-quatre heures à votre cause.

Derrière cette manœuvre, il s'agit de vous désaccoutumer de votre principale addiction : le non-amour de vous-même, parfois la haine de vous-même (si vous vous traitez par le mépris et la colère), la répétition névrotique (vous faites méthodiquement « comme » ou « contre ») ou, plus simplement, la posture sacrificielle.

Les effets de la bientraitance

Au bout de quelques jours, surtout si vous prenez soin de votre corps et de ce que vous avalez, votre énergie décuplera. Vous aurez les idées claires, et une espèce d'expansion interne, proche de la joie, vous envahira. Cet état miraculeux vous motivera davantage à aimer, donc à aimer l'enfant en vous.

Parfois, vous replongerez. Veillez à redresser le cap dès le lendemain. En effet, même si vous avez passé cinquante jours parfaitement en phase avec toutes les parties de vous-même, sachez que le cinquante et unième (celui pendant lequel vous vous serez laissé déborder) vous ramènera immédiatement à la case départ. En d'autres termes, un écart à votre protocole, et vous régressez…

Au début, vous ne ferez guère la différence entre les jours *« love »* (remplis d'amour pour vous-même) et les *bad days*[1] (lourds de vos mauvaises habitudes). Puis, progressivement, vous ressentirez si fortement les retombées négatives des jours sombres que le prix à payer pourrait calmer votre inclination à vous maltraiter. Certes, vous serez encore confronté de temps en temps à votre pulsion (un petit coup de sabotage par-ci par-là), mais votre prévenance réduira progressivement la fréquence des rechutes. Sortir de votre dépendance à l'autoflagellation dépend uniquement de vous-même et du nombre de jours pendant lesquels vous serez connecté à votre enfant intérieur (par opposition aux moments où vous vous situerez à la périphérie de vous-même).

1. « Jours pourris ».

Si, pour démarrer, le concept de « tenir » par tranches de vingt-quatre heures apporte une aide non négligeable (réduction de la pression), il s'agit maintenant de passer à l'étape suivante pour ne pas rester définitivement un autosaboteur en sursis, prêt à replonger à la première contrariété...

Durant les moments intimes dédiés au respect de vous-même, vous accédez facilement à l'espace sacré dans lequel vous êtes vraiment « vous », en dehors de toute pensée, compensation, rage, attente ou jugement. C'est à partir de cet espace que vous allez pouvoir vous poser et grandir.

J'apprends à gérer mon émotionnel

Parallèlement à la stratégie des « vingt-quatre heures », atteindre votre espace sacré passe par la gestion de vos pulsions. Rester centré vous aidera à garder l'autorité sur vous-même, et à tenir à distance les émois susceptibles de vous déstabiliser et de vous emporter.

Je prends autorité sur moi-même

Comment voulez-vous progresser si vous n'avez pas d'autorité sur vous ? Vous pouvez faire des années de thérapie : tant que vous n'assumerez pas votre propre souveraineté et que vous refuserez de prendre soin de vous, vous demeurerez dans la posture de la fillette ou du garçonnet blessé. Vous vous rebellerez, vous projetterez vos névroses en permanence autour de vous et en voudrez éternellement à votre mère ou à votre père. Rester permissif avec vous-même, c'est ne pas respecter la vie en vous. À cet égard, vous laissez un espace vacant pour que certains membres de votre famille, vos partenaires ou vos collègues prennent l'ascendant sur vous.

Finalement, pour ne pas quêter *ad vitam aeternam* des bribes de reconnaissance auprès de votre entourage, vous êtes invité à devenir votre propre mère, à être à l'écoute de vos nécessités et à vous offrir ce dont vous avez besoin. Vous sortirez ainsi de cet état passif, caractéristique des enfants qui attendent qu'on les serve. Vous quitterez définitivement le statut de l'ingénu accroché à son rêve d'un être providentiel et réparateur et, surtout, vous ne laisserez pas la possibilité à une éventuelle dépendance affective de s'installer – et ce, quel que soit votre sexe. Cessez de demander à votre mère ce que vous n'êtes pas capable de vous donner à vous-même !

Devenir sa propre mère…

Curieusement, développer vos qualités de « mère intérieure » vous incite à faire la paix avec votre mère, puisque vous n'avez plus besoin de son approbation. Vous auriez voulu qu'elle soit divine ; or, avant d'être mère, elle est une femme avec ses limites, ses folies, ses propres manques. Vous pouvez désormais la voir avec d'autres yeux, dans la mesure où vous avez touché la mère en vous.

Vous ne pouvez pas exister en tant que femme tant que vous n'acceptez pas celle qui vous a donné la vie, tant que vous n'admettez pas son empreinte sur votre identité. Entendre qu'une partie de vous vient d'elle et vous a façonnée (par excès ou par défaut) sera probablement difficile. Rappelez-vous le magnifique cadeau qu'elle vous a offert ! Sans elle, vous ne seriez pas là ! Éprouvez de la gratitude. Vous avez de bons rapports avec elle ? Profitez-en ! Elle est excessive ? Recadrez-la ! Elle est méchante, toxique, elle manœuvre ? Fuyez-la ! Mais ne la haïssez pas : vous castreriez alors votre propre féminité.

...ou son propre père

En tant qu'homme, au-delà des règlements de comptes maternels, il s'agit d'accepter votre père et ses particularités, quelles qu'elles soient, pour trouver votre juste place dans l'univers du masculin. À l'instar de vos consœurs, haïr votre père revient à vous émasculer.

Devenir votre propre père paraît tout aussi important. Sans père intérieur, vous manquez du principe masculin qui donne l'autorité et la direction. À défaut, vous prenez le risque d'aller les chercher à l'extérieur, auprès d'une figure dominante, ou de vous laisser facilement déborder par le chaos, la tristesse et le conflit. À l'inverse, savoir où vous allez vous donnera la sensation d'être à la hauteur de votre vie.

Prendre autorité sur soi-même signifie aussi accueillir et traiter ses émotions les unes après les autres, sans se sentir dépassé ni réagir excessivement ou de manière hystérique.

Je gère mon émotionnel

Lorsque vous êtes activé par une réflexion cynique ou désobligeante, une situation d'injustice ou de manipulation, vous projetez encore sur l'autre les schémas d'autrefois. Dans un premier temps, il s'agit d'établir le lien avec ces derniers, pour ne pas vous laissez submerger par les sentiments de dévalorisation, d'abandon, d'insécurité, d'impuissance, de dépendance ou de colère, quand ils surgissent. Soumis (vous vous recroquevillez) ou rebelle (vous explosez), c'est là, précisément, qu'il est recommandé de respirer avec force dans votre tristesse ou votre rage. Ainsi, vous restez centré, vous composez avec ce flot d'émotions, et vous pouvez en outre les transformer en actions.

Si vous réagissiez sans discernement, l'enfant dupé d'hier pleurerait ou crierait à l'abus, et rien ne serait réparé, ni dans le présent, ni dans le passé. Vous avez maintes fois expérimenté vos réactions programmées et vous en avez perçu les limites ; or, « plus de la même chose » ne produit pas de changement ! Vous devez donc vous positionner entre la fermeture (et les dommages collatéraux qui en découlent) et l'ouverture.

Ce choix se présentera à vous pour toutes les situations sensibles. Celles-ci se répéteront indéfiniment jusqu'à ce que vous soyez apte à les appréhender et à les dépasser… Et ce, grâce à votre connexion avec votre enfant intérieur et votre capacité à faire un « arrêt sur image », pour ne plus vous laisser embarquer.

Soumis ou rebelles, beaucoup parmi vous ont tendance à tomber dans l'émotionnel, si complexe à gérer. Cent fois sur le métier, remettez votre ouvrage : apprenez à revenir à votre intention initiale… Cela relève d'un travail de méditation. Chaque fois que vous sentez poindre l'énervement, la colère ou une sorte d'excitation, respirez, rentrez en vous, soyez présents, et là, souvenez-vous de ce que vous aviez décidé. Une fois reconnecté, vous avez traversé le « sas » délicat !

Généralement, les hommes éprouvent plus de difficultés à exprimer leurs émotions ; ils semblent par conséquent moins débordés par leurs bouillonnements internes. Dans tous les cas, les accueillir sans vous laisser submerger sera plus aisé si vous veillez à l'équilibre du masculin et du féminin en vous.

Je rééquilibre mon masculin et mon féminin

Que vous soyez un homme ou une femme, vous avez en vous une part de masculin et une part de féminin. La partie masculine doit être au service du féminin si vous êtes une femme, et non le contraire. Inversement, si vous êtes un homme, le féminin a pour fonction de se mettre au service du masculin.

Le masculin se caractérise par les qualités suivantes : l'action, la direction, la force, la puissance. Sa particularité est la pulsion. Parfois, les mâles, dépassés par leurs désirs, se comportent avec excès, particulièrement à travers la sexualité ou la violence. Quant au féminin, il a pour qualités l'ouverture, la justice, la sensibilité, la communication. Sa particularité est l'introspection, considérée quelquefois par les hommes comme une « prise de tête ».

Du côté des hommes

La majorité des hommes occidentaux sont faibles, dominés par un féminin très fort. Ils utilisent les ressources du masculin dans le domaine professionnel ; cependant, ils « filent doux » ou restent incapables de se positionner en famille comme en amour. Quand l'inverse se produit, ils se vengent dans leur vie privée des humiliations subies au travail. Enfin, certains sont assujettis dans tous les domaines de leur vie.

Enfants de divorcés ou laissés à leur maman quand leur papa s'est tué au travail, a fui ou a été mis dehors, ils ont souvent été élevés par un matriarcat (mère, grand-mère, sœurs). Faute de modèle masculin, ou par loyauté à leur mère, ils ont rejeté le père et refusé de s'identifier au masculin de ce dernier. Messieurs, pour récupérer vos « bijoux de famille » (détenus par votre mère), vous êtes désormais invités à aller dans vos « couilles » chercher votre puissance. Pour cela, vous devez vous ancrer à la terre, retourner à l'essentiel, à savoir le corps.

Si vous avez du mal à vous positionner au sein de votre famille, à prendre votre place au travail, si vous êtes considéré comme un confident ou un bon camarade, mais jamais comme un amant potentiel, vous n'êtes probablement pas en lien avec votre bas-ventre. Sinon, vous ne vous laisseriez pas mener par le bout du nez, et vous auriez envoyé paître le boss ou la belle depuis longtemps ! Pour vous, le changement passera par le fait de se rapprocher du monde des hommes.

Inversement, les hommes au masculin fort, égocentriques, « grandes gueules », gagneraient à cultiver leur générosité, qualité féminine par excellence. Ils ne le feraient pas simplement pour eux, mais pour offrir cette qualité au monde. Ils deviendraient ainsi des hommes plus complets qui, d'un coup, retrouveraient du sens et de la vitalité. Souvent, les hommes au masculin trop fort s'assèchent petit à petit.

Du côté des femmes

Beaucoup de femmes d'aujourd'hui sont pourvues d'un masculin et d'un caractère forts, et n'éprouvent aucune difficulté à s'affirmer. Elles sont quant à elles encouragées à développer leur féminin, pour elles-mêmes et non pas pour un homme ou pour les autres. Si vous êtes concernée, ouvrez votre cœur, baissez la garde et abandonnez-vous tant à ce qui est, qu'à l'intimité dans la relation amoureuse. Vous ne vous en rendez sans doute pas compte, mais vous passez à côté de votre nature profonde. Vous croyez faire peur aux hommes ? Vous ne les accueillez pas, tout simplement ! Votre féminin atrophié ne leur ménage aucun espace dans lequel ils seraient les bienvenus.

Celles qui sont dépourvues d'un masculin fort ne compensent pas pour autant avec un féminin puissant : elles ressemblent à de petites choses fragiles, en clair, à des fillettes immatures. Dociles, elles disent souvent « Oui » pour être aimées. La servilité ne rappelle-t-elle pas un état infantile ? Il s'agit pour elles de développer leur féminin à travers différents registres, comme la créativité. Elles auraient aussi intérêt à déployer leur masculin pour oser se positionner, savoir dire « Non », passer à l'action et concrétiser leurs projets.

Je prends soin de moi au quotidien

Reconnectez-vous à vous-même et donnez-vous de l'amour, quels que soient vos traumas. Tout est déjà en vous, l'amour aussi. Il ne vous reste plus qu'à le laisser émerger à travers les petites choses de tous les jours. Accordez-vous de la douceur.

Cessez de vous perdre dans une consommation excessive (séries télé, sorties façon *Sex and the City*, technologies de pointe, etc.). Cette attitude vaine vous épuise ; une fois nourri, il ne se passe plus rien, et vous voilà vide à nouveau. Creusez au contraire un autre sillon, laissez émerger de nouvelles envies, arrosez vos idées, faites grandir votre potentiel, soyez ludique et fécond.

Imaginez une journée « basique ». Elle ressemble à toutes les autres. Pourtant, si vos gestes quotidiens se déroulent en conscience, elle devient unique. Prenez le temps d'être en amour avec vous, ritualisez les moments que vous allez passer en votre compagnie. Pratiquez l'autoestime dès que vous y pensez.

Le dimanche, établissez le programme de la semaine. Écrivez chaque soir le plan de la journée du lendemain : rendez-vous, *to do list*, personnes à contacter.

Le matin, après que vous avez ouvert un œil, reconnaissez à quel point vous êtes un être merveilleux, exceptionnel, la chance que vous avez d'être vivant, d'avoir un toit et de quoi manger. Ressentez de la gratitude pour ce corps qui vous permet de faire tant de choses et dont vous prenez soin désormais, pour qu'il vous serve le plus longtemps possible. Remerciez-vous, remerciez-le de ce qu'il vous apporte. Offrez-vous une séance d'autoplaisir. L'orgasme n'est pas obligatoire : il s'agit de faire monter votre énergie sexuelle ; ne représente-t-elle pas l'énergie de vie ? Le but est de vous réveiller dans de bonnes dispositions…

Ensuite, frottez-vous activement au gant de crin ou avec une brosse adaptée. Vous éliminerez ainsi les toxines par l'un des émonctoires principaux : la peau. Faites suivre ce geste d'une douche froide, voire glacée, qui vous donnera la pêche et tonifiera votre épiderme. Nourrissez celui-ci avec une huile ou un adoucisseur, privilégiez des produits de qualité.

Si le petit déjeuner fait partie de vos habitudes, préparez-le avec soin, concoctez un tableau agréable à regarder et prenez le temps de le déguster. Quand vous vous brossez les dents, restez dans la présence, changez de rythme, éprouvez le plaisir de la brosse sur vos gencives. Portez une attention différente aux gestes habituels.

Lorsque vous sortez, reconnaissez vos talents dans le reflet des vitrines. Appréciez votre allure, la coupe de votre veste, cette silhouette déterminée, pas forcément parfaite, mais qui est la vôtre et mérite votre considération.

Trouvez du plaisir à passer du temps avec vous-même. N'hésitez pas à vous donner des moments de satisfaction, sensuels ou délicieux. La routine rend difficile le fait de modifier ses comportements. L'antidote ? Soyez créatif avec de petits gestes, de petites choses qui font que vous vous sentirez plus en amour avec vous-même et avec la vie. Au lieu du plat industriel ou surgelé, prenez le temps de préparer vos repas avec des aliments non transformés : songez à la fête des yeux !

Le soir, lorsque vous rentrez, faites-vous couler un bain chaud avec des huiles essentielles. Écoutez l'une de vos chansons préférées et dansez ! Changez de style de musique, allumez des bougies, chantez votre morceau favori !

Si vous êtes une femme, achetez-vous des fleurs, n'attendez pas d'en recevoir.

Je développe mon intériorité et ma spiritualité

Contacter votre intériorité, cette autre porte d'entrée pour toucher l'enfant blessé, vous permettra d'être en lien avec vous-même et d'atteindre l'unité. L'extérieur (les autres, la consommation, le remplissage) ne vous sauvera jamais, sinon, vous seriez un être accompli depuis longtemps ! Tant que vous ne vous occuperez pas de vous, vous continuerez à projeter vos angoisses dans la vie et à attendre le messie, le job idéal, le prince ou la princesse, le jour où votre famille vous reconnaîtra, etc.

Je me ressource dans mon espace intérieur

Vous avez la capacité d'aller dans les profondeurs de vous-même. Au-delà du décorticage et des prises de tête, il s'agit d'être réceptif, d'écouter ce qui se passe en dedans. Il est question de toucher votre identité mais aussi d'être conscient de vos qualités d'amour, et de les développer.

La profondeur donne du sens à votre vie. Vous avez une mission, elle est plus grande que vous ! Elle ne consiste pas seulement à travailler pour gagner un salaire, survivre ou donner un toit à votre famille : elle apporte une amplitude, une vision que vous allez réinjecter dans votre quotidien…

Ce temps d'intériorité est indispensable. Vous avez besoin de revenir à vous-même, d'apprendre à gérer ce qui se passe, de faire connaissance avec vous-même. N'est-ce pas ce qui arrive lorsque vous rencontrez cette part de vous blessée, dont vous ignoriez jusqu'alors à peu près tout ? Sans un temps dans l'obscurité, la vie ne se régénère pas. Si l'hiver n'existe pas, le printemps non plus. Si vous n'êtes pas à l'intérieur de vous-même, vous ne pouvez briller à l'extérieur. À défaut de vous offrir ce temps de méditation, de silence, votre vie se perd.

Plongez dans l'obscurité et vous vous libérerez des excès de stress et d'action ainsi que des croyances, du monde des apparences et du « remplissage ». Quand vous restez dans le « vide », vous vous renouvelez. Cette connexion à votre intensité vitale, à vos tripes, permet de regarder avec distance vos égarements et la panique qui les entoure. C'est là que vous rencontrez votre pouvoir, le fait de vous sentir plein, complet, comblé ; c'est là que vous puisez la joie, la générosité. Quelque chose vit, puis meurt et se régénère : tel est le cycle de vos émotions, de vos avancées, de la vie.

Invitation à la méditation des profondeurs

Enfermez-vous trente minutes par jour dans une pièce sombre. Soyez présent à vous-même. À partir du contact avec le silence, vous atteignez le vide, donc la possibilité de vous ouvrir à vous-même. Rappelez-vous : le silence permet la quiétude et l'observation.

Dans cette même ambiance calme, vous pouvez, deux ou trois fois par an, vous lover au fond d'un carton ou d'une caisse que vous recouvrirez d'un couvercle symbolique, comme s'il s'agissait d'un cercueil. Allumez de l'encens, diffusez en sourdine le *Requiem* de Mozart et imaginez que vous allez être enterré dans le quart d'heure. Que laissez-vous d'inachevé derrière vous ? Que regrettez-vous de ne pas avoir accompli ? Dans quel état d'esprit partez-vous ? Avez-vous dit à vos proches ce que vous aviez à leur dire, avoué ce secret que vous gardez jalousement mais qui alourdira terriblement votre descendance ? Cette « mise en situation », surtout si elle est pratiquée dans des conditions proches du réel, provoque une prise de conscience impressionnante... qu'il faudra convertir en actions !

Je suis présent à moi-même

La présence s'atteint par l'enracinement. Trois façons de faire vous permettent d'y accéder : être dans votre corps, puiser l'énergie dans votre vagin ou votre phallus, revenir à la profondeur. Une femme ou un homme sans racines ne peuvent comprendre le fait de s'incarner. Être en dehors de votre corps vous éloigne de vous-même. Sortir de sa tête, habiter son corps sont des conditions nécessaires pour être présent à soi et aux autres.

Chaque jour, descendez dans votre corps, revenez au cœur de votre intériorité. Puisque les émotions changent continuellement, si vous n'êtes pas ancré, vous vous perdrez et perdrez votre boussole, votre direction. Peut-être serez-vous cohérent professionnellement, mais pas sur le plan émotionnel. Sans présence dans votre sexe, vous vous perdrez dans le non-réel : vous n'êtes pas là, vous flottez à côté de vous. En revanche, si vous êtes enraciné, quand la sensation vous tombe dessus, vous ne vous laissez plus dépasser.

J'ouvre mon cœur

Pour cela, procédez simplement, comme si des mains invisibles écartaient votre thorax afin de dilater l'espace dans lequel bat votre cœur. Laissez retomber la tension liée à l'expansion, puis respirez à travers cette ouverture et restez là, dans la présence. Imaginez les longues branches souples d'un saule pleureur bruisser sur vous et vous caresser doucement. À cet endroit, à ce moment-là, vous contactez votre intériorité, vous êtes présent à ce qui est, vous vous sentez apaisé, juste là.

Je me connecte à ce qu'il y a de plus haut, spirituellement parlant

Prendre soin de vous signifie vous protéger, en d'autres termes protéger l'enfant en vous, de manière à lui épargner les bavardages d'un environnement pas forcément bien intentionné, inconscient ou peu éveillé. Ces parlotes, vous l'avez capté, renvoient à celles de l'enfance. Les adultes glosaient quant à vos comportements sur un ton confidentiel ou à haute voix, sans tenir compte de votre présence. Ils interprétaient vos réactions à l'aune de leur propre éducation, et les critiques fusaient.

Cette posture, difficile sans nul doute, vous invite à ne pas entrer dans les conflits, à éviter tout commentaire réactif, quel que soit le propos ou l'événement. La moindre réaction infondée ou excessive vous entraîne dans le mental et vous éloigne de votre but, qui consiste à sortir du jugement et à ouvrir votre cœur (toutefois, il ne vous est pas demandé non plus de raser les murs). Peut-être avez-vous entendu parler de l'accord toltèque[1] « Que ta parole soit impeccable » ? Choisissez vos mots pour qu'ils soient justes, adaptés, et évitez la vulgarité. Ne vous répandez pas, mais dites ce que vous avez à dire.

Lorsqu'une discussion se présente et que l'autre abat ses arguments avec violence, ne rentrez pas dans l'échange. Respirez, évitez de renchérir, de nourrir ce débat ; vous perdriez votre temps et votre énergie. Dans un groupe, ne vous laissez pas atteindre par les plaintes, critiques et jugements de ceux qui s'y vautrent. Éclipsez-vous discrètement, n'écoutez pas, ne commentez pas la discussion. Enfin, préservez-vous le plus possible des médisances. Ainsi, vous n'hériterez pas des énergies sombres de leurs auteurs.

Régulièrement, recueillez-vous dans le lieu de votre choix : monastère, synagogue, ashram, peu importe, tant qu'il s'agit d'un endroit habité par la spiritualité, doté d'une atmosphère calme, emplie de sérénité[2]. Vous pouvez ainsi vider votre tête, vous éloigner de la pollution des ondes électromagnétiques, de vos ordinateurs et des règles codifiées de votre environnement.

---

1. *Les Quatre Accords toltèques*, Don Miguel Ruiz (Poches Jouvence, 2005).
2. *Guide spirituel des lieux de retraite*, Anne Ducrocq (Albin Michel, 2009).

Conclusion

Tout au long de ce livre, vous avez appris à récupérer votre pouvoir, à affronter les personnes et les situations qui vous renvoyaient à votre impuissance passée. Face à elles, la vigilance s'impose. Il est si simple de vous laisser aller, de lâcher ce que vous avez passé tant de temps à conquérir.

Vous autoriser à prendre votre place représente sans doute le travail d'une vie. Soumis ou rebelle, vous déprendre de votre colère vous ouvrira des portes que vous n'imaginez même pas.

Oui, il existe une autre dimension, juste à côté, mais vous ne la voyez pas toujours. Là, les cœurs sont ouverts, les propos apaisés, les intentions bienveillantes. Ouvrir votre cœur, c'est accéder à cet espace dans lequel vous êtes attendu.

Vous avez compris que vous créez vous-même votre enfer (se saboter par loyauté, rechercher désespérément la reconnaissance) ou votre paradis (décider de croire que vous pouvez avoir une vie enrichissante, quoi qu'il arrive). Succès et bonheur dépendent donc de votre posture interne et de l'image mentale claire de ce que vous voulez. Si vous savez où vous allez, il vous suffit de vous mettre en marche, et personne ne vous arrêtera. Et si vous avez de l'amour pour vous-même, une bonne relation avec votre environnement, vous générerez de l'abondance dans tous les domaines.

Vous étiez venu chercher la transformation, j'espère que vous avez eu quelques révélations. Mais n'oubliez jamais : vous êtes exceptionnel certes, mais si vous ne vous bougez pas, personne ne le fera pour vous !

Pour contacter Bénédicte Ann, vous pouvez vous rendre sur son site Café de l'Amour (www.cafedelamour.fr) ou lui écrire à l'adresse benedicteann@free.fr.

Composé par Sandrine Rénier

Dépôt légal : septembre 2015
IMPRIMÉ EN FRANCE

Achevé d'imprimer le 8 septembre 2015
sur les presses de l'imprimerie « La Source d'Or »
63039 Clermont-Ferrand
Imprimeur n° 13363

Dans le cadre de sa politique de développement durable,
La Source d'Or a été référencée IMPRIM'VERT®
par son organisme consulaire de tutelle.
Cet ouvrage est imprimé - pour l'intérieur -
sur papier bouffant "Munken Print White" 80 g main de 1.8
provenant de la gestion durable des forêts,
des papeteries Arctic Paper, dont les usines ont obtenu
les certifications environnementales ISO 14001 et E.M.A.S.